CONSOLATION

ENVOYEE A LA ROYNE

MERE DV ROY, ET REGENTE

EN FRANCE,

SVR

La mort deplorable du feu Roy tres-Chreſtien de France & de Nauarre HENRY IV. *ſon tres-honoré Seigneur & Mary.*

Par Louys Richeome Prouençal de la Compagnie de IESVS.

A LYON,

Chez PIERRE RIGAVD, en ruë Merciere, au coing de ruë Ferrandiere à l'Horloge.

M. DC X.

A LA ROYNE

MERE DV ROY,

& Regente en France.

ADAME,

En ce quatorziéme de May dernier passé, vostre Majesté ne pouuoit sentir, ny craindre parmy les allegresses de son coronnement, & festes de ses triomphes, vne plus lamentable catastrofe de tous les actes de magnificéce faicts & à fere pour l'honneur de vostre personne, que la funeste, soudaine & inesperee cheute de la colomne Royale, qui soustenoit le theatre, auquel vostre Majesté estoit honoree de l'assistence honorable des Princes de ce Royaume, & de toutę

fa nobleffe, & des principaux membres de fon eftat. Si vous auez efté
digne de ces hóneurs & triomphes,
par les merites d'vne Royne tres-
Chreftienne en titre de Majefté, &
par le refpect de voftre propre vertu , vous auez efté encor digne
de compaffion , & confolation de
tant plus grande, que l'appareil &
le cours des refiouïffances a efté fo-
lemnel, & la fin luctueufe , & que
vous auez efté portee d'vne extreme & publique ioye, à vne extreme
& publique lamentation.

2   Toute l'Italie en gemit, ains toute l'Europe , & s'attrifte auec vous
de ce defaftre : Tout noftre Ordre,
comme en particulier obligé à cette maifon Royale, s'en afflige en
particulier , & defire d'vn grand
cœur de confoler voftre Majefté
de quelque loyal feruice, & donne
refmoignage en vous feruant, qu'il
veut

veut honorer & cherir d'vne eternelle affection la sacree memoire
du feu Roy, comme il se souuient
auoir esté honoré, & cheri de sa
Royale & paternelle amitié,&gra-
tifié de mille & mille bien-faicts.
Nostre Pere general Claude Aqua- *Le R. Per*
uiua,a signifié à vostre Majesté par *General*
lettres l'extreme regret qu'il a eu *Claude A*
de ce malheur inopiné, & vo⁹ a of- *quauiua.*
fert son tres-humble seruice, & de
tous tãt que nous sommes,& com-
mãdé à tout le petit peuple de cette Cõpagnie esparse par l'vniuers,
d'offrir plusieurs milliers de sacrifices &prieres pour l'ame du defũct,
& à ceux qui sont en Fráce presens,
d'ẽployer leurs trauaux,voire leurs
propres vies (si besoin est)pour ceste coronne.I'ay veu de mes yeux
le grand ressentimẽt que toutes les
nations de nostre Ordre ont eu de
cette perte cõmune, & au premier

iour de la nouuelle, l'eſtõnemẽt fut
ſi grãd, qu'il ſembloit à voir qu'vn
chaſcũ auoit eſté frappé de l'eſclat
d'vn grand tonnerre; & ſi on pouuoit racheter la vie de ce Prince
tres-Chreſtien par autre vie, ie ſçay
qu'il y a pluſieurs centeines de Religieux entre nous, voire qui ne ſõt
pas François, qui contribueroyent
volontiers la leur pour financer ce
rachat. Et n'y a perſonne qui ne de-
ſire donner en ſigne de tres-humble recognoiſſance quelque alle-
gement à voſtre Majeſté.

3   Ie ſuis du nombre, Madame, entre les plus affligez & debiles, vn
des plus obligez, ayãt mis auec pluſieurs & au nom de tous la main à
la plume pour peindre nos ſouſpirs
& regrets au papier, & adoucir par
telle condoleance, ceux de voſtre
Majeſté, & ay tres-bonne volõté
de m'aquitter de ce deuoir, encor
que

que l'atrocité du cas auec mon in-
firmité me rend presque inhabile:
Car il est si funeste, qu'il passe sans
mesure les bornes de mes pensees,
& discours; voire la creance de plusieurs, ne se pouuás persuader qu'il
soit aduenu, & me faict perdre le
sens auec la voix. Les maux medio-
cres fournissent assez de paroles,
pour estre suffisamment deplorez;
les enormes estourdissent, & ren-
dét les personnes stupides & muet-
tes. Il me faudroit auoir vn cœur
de Iob, pour fere ferme contre la
secousse d'vn tel orage, & vne voix
de Ieremie pour le dignement lamenter, & vn stile d'acier, pour le
bien d'escrire & grauer au cœur des
mortels.

4   Ceux qui veulent consoler les
viuants, font des harangues funebres, où ils disent les loüanges de
leurs defuncts; si ie me mets à dire

celles du Roy qui nous a efté raui,
ie donneray autant de fubject de
douleur, que i'en diray de loüanges, & fi ie les puis dire dignement
toutes, i'abyfmeray voftre cœur &
celuy de la France dans vn Ocean
de regrets : Car en racomptant par
le menu auec quelque appareil de
langage, fes vertus Royales, fa prudence, fa valeur, fa clemence, fes
graces, fes cortoifies, fon zele, fa
pieté, fes combats, fes victoires, fes
trofees, & les autres richeffes de fon
ame, & de fes œuures, ie feray faillir
autant de fources de trifteffe qui
groffiront la penfee, & l'imagination de la perte commune, & chaf-
cune d'icelles portera vn torrét de
ducil & de larmes, & mifes en con-
cours toutes enfemble feront vn
abyfme de lamentations.

Doleances raifonables 5   Si me faut-il parler, fi ie pretens
de donner confolation en parlant,
& la

& lamenter à l'occasion d'vn faict *où il y a d
mal.*
si lamentable. Les doleances sont
naturelles & necessaires, où il y a
tant de causes & si iustes de se dou-
loir ; & si elles sont bien faictes, ce
sont autant de descharges d'vne
ame angoissee,& autant de consolation. La passió me desrobbe voirement le sens, & la voix, mais la
raison qui me dict que ie dois parler & escrire,me fournit & matiere
& parolles ; si la passion est raisonnable, la raison luy doit commander;si elle est sans raisó, il ne la faut
pas croire,

6   Que diray-je donc, ô Royne *Cinq p
ties de c
consolan*
tres-Chrestienne & tres-pieuse, &
par quelle porte entreray-je au discours d'vn si deplorable subject, &
par quelle porte en pourray-je sor-
tir bagues sauues de ma foiblesse?
Ie diray que la personne de ce Roy
que ie laméte auec toute l'Europe,

sa conuersion à la Foy de ses Ancestres, la course de son regne, & la
fin de sa vie, ont esté admirables; &
que la France le perdât a faict vne
perte admirable. Ces cinq membres ferôt le corps & cours de mon
dueil, & les mesmes seront les bases
de la consolation, que ie desire dô-
ner à vostre Majesté, & à son peuple: si par expressiô hyperphysique
& surnaturelle, je fais venir vn cô-
trere de l'autre, la consolation du
dueil, le rafraichissement du feu, &
la lumiere de l'ombre; la ioye de la
tristesse, & le gain de la perte, l'effect sera admirable en toutes ses
causes, & la consolation encor admirable comme le dueil.

e la per-
ne du
y, c'est à
re, de ses
alitez
yales.

7 IE commence par la personne
du Roy pour dire de ses qualitez, mais briefuement, laissant les
narrations longues aux grands liures qui s'escriront de luy pour la
po

posterité. Deux vertus rendent vn
Roy merueilleux & du tout digne
d'vn Royaume, la prudence, & la
vaillance, l'vne pour la paix prin-
cipalement, & l'autre pour la guerre ; l'vne comme thresor des loix,
l'autre côme maistresse des armes:
l'vne pour bien commander aux
amis, l'autre pour heureusement
vaincre les ennemis. Ces deux vertus estoyét si eminétes au feu Roy,
qu'elles l'auoyét faict admirer dessus tous les Monarques de son téps,
& sur plusieurs autres que les siecles precedens ont iadis admirez.
Il estoit tres-subtil pour trouuer le
nœud d'vne difficulté & le moyen
de le desmeler, & promouuoir vn
affere politique ou militere, & tres-
sage pour iuger des aduis qu'ô luy
en donnoit, & tres-aduisé à choisir
les meilleurs. On n'auoit pas si tost
faict la propositiô d'vn côseil, qu'il
fai

faiſoit les conclusiōs,& voyoit en
la teſte toutes les parties du corps,
& tout le diſcours en vne premiſſe:
vray Roy de paix , vray Roy de
guerre,vn Auguſte en l'vn,vn Alexandre en l'autre,prudent guerrier
& puiſſant gouuerneur , & prouué
tel par les experiéces des deux téps;
par les effects de ſa ſageſſe en ma-
niant le ſceptre paiſible , & de ſa
vaillance en remuant l'eſpee fou-
droyáte; ſçauant & profond au cabinet,courageux &prōpt à la char
ge;Roy de conſeil entre les prudés,
& Roy de vaillance entre les Capitaines.

8   Il a gouuerné & defendu en ſes
ieunes ans les païs de Bearn , & ſon
Royaume Paternel de Nauarre, a-
uec autant de ſageſſe qu'aucū Roy
vieil eut ſceu fere,auec plꝰ de cal-
me que la miſere des téps orageux
ne permettoit, auec moindre pro-

ſpe

sperité, que sa debonnaireté & sagesse ne meritoit. Commét & auec
quelle prudence a il tenu le sceptre
des fleurs de Lys en son téps? Mais
comment & auec quelle vaillance
l'a il gaigné,& auec quelle prudence l'a il gardé,aggrandi, & illustré?
Soixante deux Roys l'auoyét prece-
dé,se succedás les vns aux autres,
par droict de sang;luy successeur de
tous par mesmes titres,a cóquis sur
tous,autant de fois son Royaume
par sa valeur, qu'il y auoit trouué
de gouuerneurs, c'est à dire de
Roys, quand la mort du Roy son
predecesseur luy ouurit les portes
de sa succession, & droicts heredi-
taires. Ces Roys estoyent presque
en aussi grád nombre qu'il y auoit
de villes importantes en France,
où chascú deux regnoit,& s'oppo-
soit à luy de peur qu'il ne regnast.
9 Si Iosué Capitaine General des

Iosue cõb
tit 31. R
He Ios.12.

Hebrieux eft renommé pour auoir prins d'affaut maintes villes, entrát en la terre promife, & auoir combattu trente vn Roy, en fubjugant la Paleftine, Henry I V. Roy des François, en a prins d'auantage, & a veu, les armes aux mains, plus de deux cés & quatre vingts fieges de places fortes, & combattu plus de foixante Roys, en regaignant la France. Et fi Dauid eft eftimé grãd guerrier, pour auoir mené guerre des fes ieunes ans, noftre Roy a efté àla guerre pluftoft qu'il n'a peu endoffer le harnois, & eft deuenu Général des armees, és ferieufes batailles fans aide de maiftre, pluftoft que les feigneurs ordinaires n'ont apprins aux maneges, & academies de tirer des armes, & piquer les cheuaux fous la cõduite d'vn efcuyer: Et fi les grands Capitaines peuuét bien iuger de la vaillance, feu Mõfieur

sieur le Mareschal de Monluc en
ses commentaires parlant du Roy
encore fort ieune, il preuoit, &
predict en Prophete qu'il seroit vn
grand guerrier.

10   La circonspection & la vigi-
lence sont deux belles compagnes
de la prudence, tant de police, que
de milice; l'vne faict espier les ap-
poincts, & les occasions d'vne affere, l'autre les faict empoigner, affin
de venir efficacement à l'exequution & aux mains; la prudence du
Roy estoit singuliere en toutes les
deux; il voyoit de loin le futur com
me le present, & comme il auoit les
yeux du corps aquilins & brillans,
aussi auoit il ceux de l'entendemét
clair-voyans & aigus à noter tout,
& prendre garde à toutes les circó-
stances; & partát lors qu'on le pres-
soit de quelque negoce, qui n'e-
stoit encor meur, il disoit qu'il le

Sa circon
spection.

fal

falloit expedier, mais en fon temps.

Le Pere Laurens Magius de noftre Compagnie eftant enuoyé de
Rome par noftre Pere General vers
fa Majefté l'an 1597. pour noftre re-
ftabliffement, luy dict vn iour, Sire
les femmes enfantét le neufuiéme
mois, & il y en a ia plus de vingt &
quatre que nous attendôs la naif-
fance du bien-faict conceu & pro-
mis de voftre Majefté : Ouy, repar-
tit-il, les femmes, mais les hommes
attendent plus; attendez encor vn
peu mon temps, & le voftre viendra, quoy qu'il tarde; auffi ne faillit
il d'exequuter fa promeffe à la
poincte de l'occafion, mefmes eftát
ledict Pere defia en Auignon fur le
poinct de s'en retourner en Italie,
faifant venir à foy le P. Pierre Cotó
auec le Pere Ignace Armand Pro-
uincial de France.

11   Il eftoit fi vigilent & fi iufte en
fes

ſes heures, que s'il falloit exequuter quelque exploict militere de
nuict, il s'eſueilloit à tel poinct
qu'il ſe propoſoit s'en allant coucher, ſans aucunement y faillir;
ce qu'on auoit tres-ſouuent noté
ez ſieges de Villes, & aux rencontres de guerre. De meſme vigilen-
ce vſoit il aux affaires ciuiles. Il
portoit en ſa teſte les plus belles
maximes de l'art militaire, comme d'vn bon gouuernement. En
vn ſouper parlant des gens de
guerre, il comprint en peu de mots
les vices & les vertus des Capitaines & des ſoldats : Il diſoit y en a-
uoir, qui n'auoyent que la prudé-
ce de diſcerner les forces de l'vn,
& de l'autre parti ; & ne s'oſoyent
iamais hazarder, s'ils ſe ſentoyent
les plus foibles ; leſquels il appelloit ſages coüards, trop circonſ-
pects & cœurs faillis, ne voulans

Vices de
Capitaine
& ſoldats

B

combattre sans estre asseurez de
vaincre,& n'esperans rien de leur
vaillance. Les autres qui se four-
royent à la meslée sans circonspection, & soustenoyent les coups
sans ferir,à guise de faquins, il les
appelloit vaillans fols : il condam-
noit aussi ceux la qui frappent en
bestes sans choix, & sans condui-
ĉte. Il approuuoit seulement ceux
qui sont prudens, & bien aduisez
à espier leur coups, & vaillans à ferir à leur aduantage. Bref discou-
rant de ces vertus & de leurs compagnes, il formoit de si belles sentences de paix & de guerre, & les
prattiquoit si heureusement,qu'il
sembloit porter l'Idée de la vraye
prudence en sa teste, & le modelle
de bien regner, & bien guerroyer
en sa main, & ainsi fournissoit il
de sa personne les deux appuis, &
ornemens principaux requis en la
maje

Vertus.

majesté d'vn Roy, les loix & les armes, pour se faire honorer & craindre en tout temps , dedans & dehors, des amis & des ennemis.

12 Auec les susdictes vertus se doit
mettre la Clemence, perle propre
des Roys, comme des grands Capitaines : Entre les Grecs Alexandre grand Roy, & grand Capitaine, en fut renommé, entre les Ro-
mains Iules Cæsar fut plus loüé
par sa benignité que par sesvictoi-
res ; & Tite dernier triomphateur
de la Iudee, fut appellé les delices
du genre humain à raison de cette
vertu. Le Roy des abeilles n'a point
d'aiguillon, ou s'il en a , il n'en vse
iamais ; ayant voulu Dieu monstrer en la figure d'vne Monarchie
naturelle & muette , la vraye &
propre qualité d'vn Prince ciuil;
& certes puis que le Roy est la viue
image de Dieu, qui est la mesme

Sa clemen-
ce.

Alexãdre
le Grand
Plut. in
Alex.
Iules Ce-
sar. Plutar
in Cas.
Tite Ves-
pasien.
Suet.

Le Roy des
abeilles.
Arist. &
Pline.

clemence,il doit porter le crayon
naïf de cette vertu. Le Roy le portoit,ſi iamais aucun Roy le porta
en cette Monarchie : les effects
vrayes preuues de la cauſe , l'ont
monſtré.Il a eſté humain & benin
toute ſa vie; & du temps qu'il n'e-
ſtoit encor conuerti à la foy Catholique,non ſeulement il ne haiſ-
ſoit point les Catholiques , ny les
perſequutoit,nommément les Religieux, ſelon l'eſprit du Caluiniſ-
me ; mais les gratifioit en tout ce
qu'il pouuoit. Vn exemple ſuffira
pour pluſieurs , il eſtoit à Muret
auec la Royne mere,Monſeigneur
le Cardinal de Bourbon , & pluſieurs grands ſeigneurs l'an 1579.
au temps que feu Monſieur L'Ab-
bé de Feuillans y preſchoit; lequel
il vit fort volontiers,& luy parla
long temps deſcouuert auec vne
ſinguliere humanité , luy offrant
pluſieurs

plusieurs fois sa faueur en ce qui
seroit de sa puissance:dequoy ce S.
personnage estoit aussi estonné,
que ioyeux : à la fin voyant ceste
douceur & n'ayant autre chose
à luy demander , il le pria de
luy bailler vn sauf-conduit au païs
de Biarn où il deuoit passer, pour
aller visiter quelques Conuens par
la commission de Monsieur de Ci-
steaux:lequel sauf-conduit il luy
fit expedier tres-volontiers,& auec
telle energie de paroles, que ce bõ
Pere receut mille courtoisies parmy ceux deuant lesquels il ne se
fut osé monstrer au parauant. Ce
bien faict venant d'vne personne
de telle religion , auec telle franchise,de si bon gré & de telle amitié, monstroit vn cœur Royal &
vne humanité royalement cordia-
le. Cette clemence se voyoit plus
clairement enuers ceux qui le haïs-

B   3

foyent & perfequutoyent:car il n'a
iamais eu fi grands ennemis , tant
l'euſſent ils offensé, auquels il n'ait
pardonné, & qu'il n'ait tafché de
gaigner & fe les faire amis , encor
qu'il n'en eut befoin; & s'il en a pu-
ny quelques vns par iuſtice, çà eſté
parce qu'ils n'ont voulu accepter
fa miféricorde : & fa iuſtice a touſiours eſté miféricorde, car il a touſiours oſté quelque grain de la ba-
lance , & retenu la pefanteur du
glaiue puniſſeur , & remis tout ce
qu'il a peu remettre, & en a laiſſé
plufieurs en paix, auec efperance
qu'ils fe recognoiſtroyét, lefquels
il pouuoit faire iuſtemét mourir, &
fa douceur eſt allée iufques là enuers fes ennemis , que mefmes au
delict flagrant de leurs iniures, non
feulement il leur pardonnoit, ains
encor leur procuroit le pardon &
la vie, s'ils fe repentoyent , comme

on

õn fçait qu'il a voulu faire à plufieurs. C'eſt imiter de prés la clemence diuine, qui eſt touſiours à
la porte des delinquans, s'il la luy
veulent ouurir; c'eſt imiter à bonnes enſeignes IESVS CHRIST, qui
prioit pour ceux qui luy diſoyent
des iniures, & le crucifioyent; c'eſt
bref faire en Roy tres-Chreſtien
& en Prince treſmagnanime. On
louë Philippe Roy de Macedoine,
comme ayant faiĉt vn aĉte de grãde benignité, dequoy vn iour õyãt
de ſon pauillon quelques ſoldats
voiſins qui meſdiſoyent de luy, il
les aduiſa de parler plus bas, ou
d'aller plus loing, ſans leur faire
autre mal. Nõſtre Roy a pardonné à cent & cent perſonnes en particulier, & en corps à autant de
Villes & communautez qui l'a-
uoyent iniurié de paroles, & de
faiĉt ; & comme il auoit & pratti-

quoit cette vertu, aussi sçauoit il
monstrer la beauté d'icelle en sa
source, & en l'antithese du vice op-
posé, & disoit souuent que la misericorde estoit vn surgeon d'vne
noble & forte poictrine, comme
l'appetit de vengeance & la cruauté, vn reietton d'vn esprit foible,
bas & seruile.

13	Il auoit vne autre vertu qui
semble petite à ceux qui ont les
yeux trop gros & la veuë trop
courte, mais qui est vrayement
grande, & vrayement Royale au
iugement du fils de Dieu IESVS-
CHRIST la mesme sagesse, & est
necessaire à tout Chrestien, s'il veut
vn iour regner au Ciel, & tres-ne-
cessaire à vn Roy tres-Chrestien,
s'il veut encor bien regner en terre. C'est l'humilité seminere de
toutes belles vertus, & compagne
des grádes ames & hautes prouësses,

ſes,laquelle il faiſoit paroiſtre en deux parties eſſentielles d'icelle,en la cognoiſſáce de ſoy meſme & de ſon rien,& en la modeſtie de ſa cóuerſation. Il ſe recognoiſſoit infir-me,& diſoit en téps & lieu ſes infirmitez & les deploroit, & ſe priſoit en cette recognoiſſáce moins que rien,comme ſouuét il a teſmoigné non ſeulemét en ſes deuotiós,mais encor en ſes diſcours familiers.

14　Sa façon de conuerſer eſtoit ſi domeſtique & ſi douce, qu'il ſembloit que chacun fut ſon pareil; et ſi Iules Ceſar fut eſtimé humble & courtois, parce qu'il appelloit cópagnons ſes ſoldats, à meilleur droict luy,qui traictoit ſes ſubiects iuſques aux petits artiſans,comme compagnons , non en homme ſimple &niais,comme ne pouuant faire du grand, mais à deſſain, par ſageſſe & en Roy ; retenant auec

Sa conuerſation.

tous, & en tout la grauité Royale
& l'humilité Royale:en habits il
eſtoit ſi modeſte, qu'à peine pouuoit il eſtre recognu entre ſes cour
tiſans pour Roy, ſinon par le nom
de Majeſté, ou quand il faiſoit
quelque action Royale.Cette vertu d'humilité de modeſtie & ſemblables eſtoyent d'autant plus admirables en luy, qu'il auoit eſté
nourri dés ſa ieuneſſe en deux eſcoles ennemies de toutevertu,mais
principalemẽt de celles cy,en l'he-
reſie fille & mere d'orgueil, comme de tout vice ; & en la guerre,
vacation de liberté, de vanité &
d'autres ſemblables vices, proue-
nant cela des grandes occaſions
qu'il y a de mal faire, pluſtoſt que
de la nature de l'art militaire. De
maniere que n'ayant non ſeulement apris les maux qui s'enſei-
gnent en ces deux eſcoles , mais
encor

encor retenu les qualitez contrai-res, il faut dire qu'il auoit vne bel-le nature, & bien faicte : qualité que l'Escriture recommáde com-me base de la vertu, & premier si-gne de predestination, estant bien cultiuée.

Animã bo-nam sorti-tus. Sap.8 19.

15   La foy des promesses est en-cor vne vertu fort seante à vn grád Roy , & à vn grand Capitaine; les simples paroles duquel doiuent estre aussi certaines que le sermét des hommes communs. Il estoit si Royal & si loyal à faire ce qu'il promettoit, que mesmes les enne-mis plus deffians tenoyent ses pro-messes non seulement comme ga-ges certains de sa foy, mais com-me choses jà faictes, & les prenoyét comme deniers contans.

Sa foy et ses paroles

16   Le bien dire associé aux belles œuures, est aussi vne vertu digne d'vn Roy, & d'vn grand homme

Son el-quence.

de

de guerre. L'espee d'vn vaillant
Capitaine tranche les forces des
ennemis. Son eloquence encoura-
ge les amis & leur donne force.
Cesar estoit admirable en l'vne &
en l'autre, le Roy estoit vn Cesar
en toutes les deux. I'ay cy dessus
touché quelques effects de sa vaillance, icy ie dis que son eloquence
n'estoit pas vne tissure de phrases
mignardes, & fleurs de Rhetori-
que, mais vn discours nerueux
d'vn langage masle & martial, La-
conique & sententieux, prenant
sa source d'vne profonde prudence, & subtilité naturelle , & cou-
lant comme par gradations de
certaines tirades; ce qu'il a mõstré
en plusieurs sentences prinses non
tant de la lecture des liures, que
du creu de son esprit & en vne
infinité de repars & responses
courtes & subtiles données la
pluspart

pluſpart ſur le champ.

17 Il diſoit que l'Egliſe Catholique eſtoit eminente en doctrine
en ce temps, par ce qu'elle auoit
eſté contrainĉte de chocquer ſouuent ſes ennemis & diſputer contre les hereſies, & auoit faiĉt comme les bons ſoldats, qui apprennent la cheualerie & l'eſcrime, &
prennent forces au manege des
cheuaux, & des armes. Que les
mouuemés d'vn Predicateur ſont
artificiels au commencement du
ſermon & naturels ſur la fin, & que
par la fin il les faut meſurer, & re-
cognoiſtre: il diſoit que les mignõs
des Roys doiuent eſtre les gens de
vertu; que ceux là ſont vaillans,
qui diſent leurs veritez aux Princes; que le faiĉt d'vn Roy n'eſtoit
pas de bien dire, mais de bien gou-
uerner: Que les enfans des Roys
ne doiuent point apprédre la Mu-
ſique

sique, ny à ioüer des instrumens,
encor qu'ils les puissent oüir, par ce
que telle science ne peut seruir à
eux qu'à faire la cour aux Dames,
leçon dangereuse & qui ne s'apprend que trop de la corruption
de la nature sás seruice de maistre.
Que les instrumens des Roys en
paix estoyent le SCEPTRE & la
MAIN de iustice, & en guerre l'es-
pée; & que ce sont ces instrumens
qu'ils doiuenr sçauoir manier dignement & Royalement. Que la
Musique des Roys, & leur chant
Royal estoit l'accord & consonan-
ce des belles vertus, Prudence, Iustice, Force, & Temperance, & des
autres qui resident en leur ame
auec la note & mesure des loix;
Musique qu'vn seul peut chanter
à quatre parties & plus, & que la
musique mathematique estoit séá-
te aux subiects des Roys, non aux
Roys,

Roys,& se souuenoit que le Roy de Macedoine Philippe voyant vn iour son fils Alexandre faire merueilles entre les Musiciens , le reprint disant, n'as tu point de honte de sçauoir si bien chanter ? Il disoit que l'opiniastreté contrarioit fort au bon gouuernement,& que c'estoit vne engeance de folie & de lascheté,encor qu'elle eut le visage d'homme prudent & brauache;que l'homme content possede ce qu'il n'a pas , & celuy qui est mescontent,ne possede rien,nõ pas mesmes ce qu'il tient en sa main. Il disoit que la bonne paix est la guerre & la mort aux meschans. Item qu'entre les Chrestiens, qui font la guerre aux vices & taschér de vaincre leurs passions de corps & d'esprit,ceux là luy sembloyent faire plus sagement, qui sur tout dressent bien l'ame & domptent

le

le corps par l'esprit, le valet par le
maistre; que ceux qui domptent
l'esprit par le corps, affligeans le
corps par austeritez, & laissant l'esprit s'esgayer en ses vices & imper-
fections en la colere, en l'ambitiõ,
en la vanité, & semblables.   Quelques vns luy faisoyent souuenir
vn iour, comment les Ministres
auoyent faict courir par la France
certaines plaintes affectées, & mi-
nuté des articles impertinés pour
presenter à sa Majesté, tãdis qu'elle assiegeoit Amiens; ce n'est merueille, leur dict-il, les Ministres
sont poissons d'eau trouble. Son
barbier luy faisant les cheueux, luy
disoit, qu'il auoit la barbe plus gri-
se d'vn costé; c'est, repart-il, le vent
de mes aduersitez, qui a donné à
cette part.

18 Quelque Seigneur excusoit vn
Escriuain, qui auoit fait imprimer

vn

vn liure inepte, difant eftre digne
de pardon, parce qu'il n'auoit pas
eftudié; cette excufe, dict il, eft vne
double accufation, d'ignorance &
de temerité; il vaut mieux fe taire
que parler mal, & celuy qui eft
muet, eft de meilleure condition,
que celuy qui porte mauuaife langue. Quelques Medecins des plus
fuffifans de la pretenduë Religion,
s'eftoyent faicts Catholiques; dōc
dict-il, la Religion Huguenote eft
en mauuais poinct, puis que les
Medecins l'abandonnēt. Comme
vn Seigneur Huguenot luy difoit
que fa foeur eftoit feule qui les deffendoit, tant pis pour voftre Religion, luy dict-il: car elle eft tōbée
en quenoüille, & eft femelle en fon
grand appuy; quelqu'vn luy racō-
ptant cōme crime, que les Iefuites
prenoyēt les meilleurs efprits pour
les enrooler en leur Compagnie;

Des Ie-
fuites.

C

c'eſt vertu, diſt-il, & non crime, de
choiſir ce qui eſt le meilleur; quád
ie veux faire vne compagnie de
ſoldats, ie prens les plus vaillans. Ils
ont beſoin de gés accomplis, pour
bien s'acquitter de leur charges,
qui ne ſont pas petites , ils prennent ceux qu'ils eſtiment les plus
idoines entre pluſieurs qui ſe pre-
ſentent de leur bon gré , quel mal
en cela ? vn bon ſeigneur vint vn
iour à luy au ſortir du diſner , auec
grande importunité diſant , Sire,
iuſtice , ie ſuis icy pour racompter
à voſtre Majeſté vn faiſt abomi-
nable, & du tout ſcandaleux ; ne
me le contez pas, mon amy, luy dit
il, en ſi bonne compagnie, de peur
de nous ſcandaliſer: ce ſont , repliqua l'autre, les Ieſuites, qui m'ont
volé mon fils, qui n'a que quinze
ans; qu'elle diſcretion peut il auoir
en tel aage , pour faire choix de
vie?

vie? Il est à croire qu'il n'en a gueres, respond-il, puisque le pere en
a si peu. Quelques Huguenots ac-
cusoyent deuant luy les Iesuites,
comme se meslans de l'estat ; c'est
le commun refrain de leurs ennemis, dict-il, mais mal attaché ; ce
sont vos Ministres, qui s'en meslét
plus que de leur Theologie, estás
rousiours apres à faire des assem-
blées politiques, & non Ecclesiastiques plus Staristes que Theologiens. Comme il estoit sur le point
de faire abbatre la pyramide , vn
seigneur d'auctorité luy dict, Sire,
on la dressée pour l'amour de vo⁹;
il respondit, qu'on l'abbatte pour
l'amour de moy. Et vn autre , ce
sont vos seruiteurs, qui l'ont eri-
gée; le maistre donc, repliqua il, la
peut bien faire abbatre. Telle e-
stoit la viuacité de son esprit &
telles les poinctes de son eloquen-

ce, auec fes autres belles qualitez, & ornemés de fa perfonne Royale, de courtoifie, de bonne grace, de gentilleffe, d'affabilité, de franchi-fe, de patience, & autres vertus communes, & neantmoins Roya-les en luy, que ie donne à garder au filence, pour n'eftre trop long à parler. Ie n'efcris pas l'hiftoire vni-uerfelle de fa vie, mais vn petit re-cueil des richeffes de fa perfonne.

19 OR toutes ces rares quali-tez ne pouuoyent auoir titre de vrayes vertus, fi elles n'e-ftoyét animées de l'efprit de Dieu en l'efcole de fon Eglife, hors la-quelle il n'y a aucune effence de vraye & parfecte vertu, non plus que d'efpoir de falut ; c'eft pour-quoy Dieu, qui auoit donné telle ame à ce Prince par voye naturel-le, comme premiere couche de predeftination ; il luy a donné la

voca

vocation en son temps, & les graces surnaturelles, côme viues couleurs ; & les moyens & addresses,
pour entrer en cette Eglise, & re-
prendre la foy de ses Ancestres,
pour gaigner auec eux la coronne de gloire. Le temps a esté apres
la mort du Roy Henry troisiesme,
auquel il deuoit succeder par droit
de sang, & de Roy de Nauarre deuenir Roy tres-Chrestien, & fils
aisné de l'Eglise : plusieurs choses
ont renduë cette vocation & conuersion merueilleuse. La premiere
auec la grace de Dieu, a esté sa prudence & magnanimité naturelle,
qui luy conseilloit de ne point
cháger de Religion par violence,
ou par motif humain d'ambition
des honneurs & conuoitise des
biens de la terre, luy semblant
estre la reception de la foy, vne
action de franchise ou au moins

Hen
troisiesm

deuoir prouenir à vn Chrestien
errant purement de l'amour de
Dieu, & de son propre salut, &
qu'autrement il luy valoit mieux
courir fortune de perdre le Royaume de France, que celuy du Ciel:
resolution beaucoup plus magnanime, & plus noble que celle que
prononçoit l'Empereur, qui disoit,
S'il faut violer le droict, que ce soit
pour regner, & ne ceda iusques à
ce qu'il fut deüement instruict,
& en tel article, qu'il tenoit presque tout le Royaume reduit en sa
puissance, dequoy on ponuoit ai-
sément cognoistre, que c'estoit deuotion libre & non conuersion de
contraincte, qui le faisoit renger
au parti de la verité Catholique, &
partant conuersion doublement
loüable, en la maturité de conseil
en chose si importante, & au mes-
pris de la Royauté, la chose la plus
prisée

prisée de toutes entre les humains.
20   Mais quand bien il auroit eu
quelque veine meslée de respect
humain, cela n'empesche pas que
l'œuure ne puisse estre louable: car
bien souuent la prouidence diuine
attire les mortels à la vertu immortelle, par des presens du téps,
& leur faict gouster le Ciel par la
terre. Ainsi pour affectionner à
son seruice Abraham, il luy pro-
mit de faire sa posterité heritiere
des Royaumes de Canaam : &
Constantin le grand fut induict à
la foy par la guerison de sa lepre.
Quand donc il seroit ainsi, que
Dieu eut dict au Roy n'estant que
Roy de Nauarre, reprens la foy de
tes maieurs & reuiens à moy, ie te
mettray en la possessió du Royaume que la hardiesse du temps ini-
que te veut rauir, & te feray Roy de
France paisible; il l'auroit conduit

par vne honorable voye, à vne belle fin; car quand ainsi plaist à Dieu,
c'est vn grãd hõneur de monter au
Royaume des cieux par les degrez
d'ũ Royaume terrestre, & d'vne gloi
re passagere tirer à l'immortelle.

La Foy. 21   Mais ce qui rend cette conuersion merueilleuse par ses pro-
pres atours; c'est qu'elle a esté ac-
compagnée d'vne grande lumiere
interieure, & d'vne aussi grande
charité; cette lumiere luy faisoit
voir d'vn clair rayon, la beauté de
la Religion Catholique, & la priser
plus que sa propre vie: cette charité luy engendroit vn zele vrayement tres-Chrestien à promouuoir le bien de cete Religiõ, cõbat-
tre l'erreur & remettre les errãs au
bercail de Jesus Christ: ce qu'il a
Le zele fait notoire par ses paroles & par
on doit ses œuures. Vn iour parlant en la
à foy
tholiq;. presence de quelques Seigneurs
                              de

de l'affection que chafque Catholique doit porter à fa Religion, ie
fuis, difoit il , quant aux mœurs
chargé de beaucoup de deffauts,
qui me defplaifent, & defire les reparer,& me recognois vn des plus
grands pecheurs de mon Royaume, & du monde; mais quant à la
foy Catholique, Apoftolique, &
Romaine , où il a pleu à ce bon
Dieu m'appeller, ie diray en verité, & comme ie le fens en mon
ame, que deuant que demordre
d'vn feul poinct de cette foy,ie me
ferois defpoüiller à guife d'vn S.
Barthelemy , & griller comme
vn fainct Laurens ; & ce difant il
larmoyoit goutte à goutte , tef-
moignant par fes larmes,comme
il auoit faict par fes paroles,la fer-
meté de fa foy.

22 Mais beaucoup plus clerement
tefmoignerent cette fienne foy

C 5

les œuures tant de fon refpect enuers le fainct Siege, que de fon zele pour aduancer l'eftat de l'Eglife,
& remettre en fon enceincte ceux
qui en eftoyent dehors. Il portoit
vne finguliere reuerence au S.Pere
comme chef vifible de fon Eglife,
gardien de cette foy, Vicaire de
Iesvs Christ , & porte-clef du
Ciel, & combien qu'il eut prefque
mife toute la France en fa puiffan-
ce , & que quelques vns luy con-
feillafsét de ne fe foucier pas beaucoup de Rome, fa confcience toutesfois ne repofa iamais, iufques à
ce qu'il eut la benediction de fa
Saincteté , laquelle il demanda
humblement par Monfeigneur de
Neuers, enuoyé à cette fin à Rome,
l'an 1593 , & l'obtint à la fin par
Monfeigneur le Cardinal du Perron: Vn peu apres ayant ouy, que
les Miniftres finodez à la Rochelle

Nouueau
credo des
Miniftres.

eftoyent

estoyent sur le poinct de coucher
en leurs cayers, comme nouuel article de foy , que le Pape estoit
l'Ante christ , il leur fit defense de
passer outre, tenant cette resolutió
aussi fausse & iniurieuse, comme le-
gere & temeraire. Sur le propos des
difficultez que proposoit la Sei-
gneurie de Venize, pour se ranger
à la volonté de sa Saincteté, & di-
sans quelques vns, qu'elle y deuoit
aller auec plus de moderation, &
douceur, il n'est pas seant , dict-il,
que le pere prenne loy des enfans,
&, s'ils sont vrays enfans , ils obeï-
rõt à leur pere, & tiédrõt pour mo-
deré, ce qu'il faict pour leur bien.
Chascun sçait ce qu'il a faict pour
Clement huictiesme, quand il luy
a demandé quelque chose pour la
paix commune , nommément au
dernier different suruenu entre luy
& le Serenissime Prince de Sauoye,

La Sei-
gneurie de
Venize.

Pour Cle-
ment hui-
ctiesme.

mes

mesmes auec offres d'vne partie de
son droict. Item pour l'amplifica-
tion du S. siege , comme quand
de son bon gré il luy offrit ses armes & sa personne, pour le recou-
urement de la Duché de Ferrare,
quand on se doubtoit de quelque
resistence. Chacun a fresche memoire de l'Ambassade enuoyée
l'an 1607. tref-noble & tres-illustre
par le grade & vertu du Prince qui
la códuisoit, Monseigneur de Neuers, & par l'appareil magnifique
auec lequel il l'accomplit; pour có-
gratuler , & offrir son obeissance
comme fils aisné de l'Eglise , à la
Saincteté de Paul cinquiesme, que
Dieu conserue longues & heureu-
ses années pour le bien de son E-
glise & gloire de son nom. Pour l'a-
mour du sainct Siege, il portoit à
proportió mesurée vne gráde reue
rence au sacré College des Cardinaux

naux, ce qu'il faisoit voir par paroles, & par œuures, quand il en estoit
besoin. En somme il a tousiours
parlé de telle bouche du sainct Sie
ge, & de sa Cour, & l'a honoré de
telle façon qu'il estoit conuenable
à la foy d'vn Roy tres-Chrestien
heritier des Roys de France, insi-
gnes protecteurs d'iceluy Siege, &
monstré que le premier zele d'vn
Roy tres-Chrestien se marque en
la defense & en la prattique de ce
respect.

23   Les effects de son zele enuers *De son ze-*
les ames, sont aussi notoires; on a *le à la con-*
veu que dés le commencement de *uersion des*
sa conuersion, il a tousiours respiré *errans.*
d'vne affection Royale, & pater-
nelle la dilatation de la foy, & la
conuersion des errans. Il a mis en
plus de trois cens lieux l'exercice
de la Religion Catholique, & en
d'aucuns où l'on n'auoit dict la
Messe

Meſſe de plus de quarante & tant
d'ans, comme en Bearn; & par iuſ-
ſions reiterees a faict preſcher de
ceux de noſtre Cõpagnie à la Rochelle, qui par deux ou trois fois
auoit fermé les portes au Pere Gaſ-
pard Seguiran, & y fut par ſon cõ-
mandement receu à la fin, comme
auſſi le Pere Guillaume Bayle au-
dict Bearn, apres auoir, comme le
premier, eſté refuſé pluſieurs fois:
& ce zele eſtoit de tant plus admirable, qu'il eſtoit conioinct auec
yne pareille douceur & prudence:
car non ſeulement il vouloit garir
les malades, mais les garir, ſi faire ſe
pouuoit, ſans douleur & bleſſure,
non auec paſſion, mais auec com-
paſſion, & arracher des eſprits les
eſpines de mauuaiſes opiniõs, ſans
les piquer, ny offenſer. Et à ce propos il diſoit vn iour au P. Ieã Gonteri, Pere Gonteri vous contentez
fort

Le P. Gaſ-
pard Segui-
ran.

Le Pere
Guillaume
Bayle.

Le P. Iean
Gonteri.

fort voz auditeurs, sauf ceux de la
Religion pretenduë, par ce qu’ils
sont degoustez ayant l’estomac
cacochime, traictez les doucement
en malades.

24   Or comme il estoit desireux
de leur salut, aussi monstroit il vne
ioye incroyable, quand il enten-
doit la conuersion de quelqu’vn,
& se faisoit mander des villes le
nombre des conuertis par nom &
surnom : Ce que nous auons faict
pour nostre part aux villes où nous
auons Colleges, & se sont trouuez
du temps de son regne, plus de soixante & six mille ames retirees des
ondes de l’heresie, & remises dãs le
sein de la nasselle de IESVS CHRIST,
au port de son Eglise : & de ce nombre ont esté plusieurs seigneurs de
marque, plusieurs Ministres des
plus doctes, plusieurs Magistrats,
plusieurs Docteurs, Legistes, Me-

dc

decins, & autres que non feulemét
la France fçait, mais encor les païs
loingtains]: Victoires tres-Chre-
ftiennes & du tout Royales , fans
effufion de fang, fans tumulte, fans
coup ennemy, & vrayement Apo-
ftoliques, & d'vn merite ineftimable deuant la diuine Majefté.

25   Et par ce qu'il eftimoit que
cette Compagnie, dés qu'il com-
mença à la cognoiftre , pouuoit
auec les autres Ordres Ecclefiafti-
ques donner fecours à la promo-
tió de cette affaire fi importante, il
la voulut reftablir en fon Royaume , mefmes en eftant requis du
S. Siege ; mais ayant eu quelques
preuues de fon courage & fidelité,
& penetré plus profondement l'effence de fon Inftitut, il l'affectióna
de tel amour que plufieurs fçauét,
& que plufieurs ignorent, & qu'il
conúient declarer , & faire s'il eft
poffi

poßible que chacun en foit informé, & nul ignorât. C'eſt pourquoy
ie ſupplie voſtre Majeſté, & toute
la France ma bonne patrie, de me
permettre la traicte libre de quelques periodes, & d'eſcouter d'o-
reille benigne la parentheſe que ie
dóne pour publier, comme ie puis,
en ce lieu, l'affection Royale, que
ce Prince nous a porté, & l'obligation que nous luy en auons. Il eſt
bon, dict ce diuin meſſager à To-
bie, de tenir ſecret le ſecret du Prin
ce; mais c'eſt vn deuoir honorable
reueler les œuures de Dieu, & le
bien receu de quelqu'vn; & autant
raiſonnable que la poſterité de
cette Compagnie le ſçache pour
cognoiſtre cóbien elle eſt obligée
d'honorer, & ſeruir la coronne de
France, & les ſucceſſeurs de ce Roy.
Cette affection eſt admirable en
ſes cauſes, & en ſes effects. La cau-

Son affe
ction en-
uers la Cō
pagnie d
Ieſus.

Rafael a
Tobie.

D

se n'est point humaine , nous la croyons diuine, ne se pouuant faire que l'amitié naturellement s'engendre de la haine, non plus que le feu de l'eau , ou la lumiere des tenebres; moins encor qu'vne grande amitié vienne d'vne grande haine. Or chacun sçait que ce bon Prince nous haïssoit, non seulemét du temps qu'il n'estoit que Roy de Nauarre, à raison de la diuersité de Religion , mais encor apres estre entré en la possession du Royaume de France, à cause des sinistres impressions que les Ministres luy auoyent mis en l'ame , de nous & de nostre Institut; & nommément que nous en voulions à sa propre personne , voire à tous les Roys. Cette haine (supposé que ces rapports fussent vrays) estoit fort raisonnable en luy , & nous eussions merité d'estre haïs de tout le monde,

Il haïssoit premiere-ment laCõ-pagnie.

de, & exterminez de deſſus la terre.
C'eſt pourquoy eſtant ſuruenu le
parricide attentat de Chaſtel , &
par iceluy, côme par preſomptions
nouuelles , les rapports ennemis
fortifiez, no⁹ fuſmes chaſſez d'vne
partie de la France ſur la fin du
dernier ſiecle , & perdiſmes ce peu
de bien que nous y auions ; &, ce
qui nous affligeoit plus, la bonne
renommée, auec tout le reſte qui ſe
peut perdre, ſauf la vie languiſſan-
te , & la bonne conſcience, que
nous auons portée ſaine & ſauue
en tout lieu : mais Dieu, qui a cure
de l'innocence oppreſſée, nous a
releuez & gueris par la main de
celuy meſmes qui nous auoit faict
la playe, & reparé nos pertes à double recolte , & recompenſe com-
blée, ouurant l'oreille de ce Prince
à nos doleances & iuſtifications,
luy faiſant voir la ſincerité de no-

stre institut, contre ceux qui l'a-
uoyent infamé, & nous donnant
son affection & son cœur, pour
nous assister & defendre en Roy
& en Pere.

26   On nous auoit calomnié par
malins libelles & faux discours, que
nous estions ennemis des Rois &
Potentats: c'estoit la calomnie que
le Diable a tousiours faict ioüer
par grande violence contre ceux
qu'il a voulu exterminer de main
forte, à ces fins il fit accuser les Hebrieux en la Cour de Pharaon &
d'Assuere, & David en celle de Saül;
& nostre Chef IESVS CHRIST au
parquet de Pilate, & les trois cens
ans premiers de l'Eglise naissante
iusques à Constantin le Grand
premier Empereur Chrestien, sa
grosse piece de persequution, fut le
bruit qu'il faisoit retentir par le
monde, que les Chrestiens estoyét
                              enne

ennemis des Empereurs, & c'eſtoit
la perſequution que le meſme Sauueur prediſoit à ſes diſciples, diſãt,
vous ſerez menez deuant les gouuerneurs & les Roys. Ainſi donc
ceſt ennemy de vertu & de verité,
ſelon ſa vieille rotine, auoit ſemé
par la bouche de ſes Miniſtres, que
nous eſtions ennemis des Roys ;
mais Dieu a faict que celuy, de l'o-
reille duquel ceux-cy vouloyent
abuſer pour nous perdre, a ouuert
les yeux à l'innocence, & a reco-
gneu à la fin par nos loix, reigles &
œuures, qu'il n'y a Ordre en l'E-
gliſe, qui reſpecte & honore plus
les Roys & Magiſtrats, que faict
le noſtre , non ſeulement Chreſtiens, mais encores Payens : &
la touché dedans le Royaume
par l'experience de pluſieurs offices & ſeruices d'affection & fidelité qu'il a receu des gens de noſtre

Compagnie grands & petits; & dehors le Royaume par nos humbles
deportemens enuers les Princes
Payens & Idolatres, qui pour ce
nous ayment & nous font du bien:
& a prins fi à cœur la protection
de noftre caufe fur ce fubiect,
qu'il a voulu faire rafer les mar-
ques plus eminentes de fa bonne
fortune , dreffées par la iuftice,
par ce que contre l'intention de
la iuftice , on auoit en icelles mar-
qué d'infamie noftre innocence,
comme entachée du crime d'attentat, combien que la marque de
fa clemence & iuftice, qu'il a fubftitué en cet endroict, luy fera plus
glorieufe , que iamais n'euft efté
le marbre planté de la Pyramide.

27   On nous auoit depeinct comme gens hautains & ambitieux, il
a cognu que les mefmes loix fuyét

à grand erre les Prelatures, & les
honneurs, & par de tres fortes bar-
rieres de vœux ferment toutes les
portes & aduenuës à l'orgueil, & à
l'ambition. De cecy il en a eu encor de bonnes preuues, nommément en ceux qu'il a cogneu plus
familierement, & qu'il a voulu
gratifier de quelque dignité, lefquels il a veu s'excuser humblemét
de l'accepter, & faire plus d'eftat
de garder l'integrité de noftre Inftitut, que d'vne Abbaye, euefché,
ou autre Prelature; & que les benefices que la Compagnie acceptoit,
eftoyent pour la dotation des Colleges, ou Nouitiats en commun,
aufquels perfonne en particulier
ne pretendoit aucun droit, pour
en tirer fes menus plaifirs. Les Ef-
pagnols de la pretendue Religion
luy auoyent cent fois inculqué
que tous les Iefuites eftoyent Efpa-

gnols, pour les rendre odieux par
soupçon d'auersion de la France:il
cogneut à la fin que les Iesuites
François estoyent bons François,
amateurs de leur Roy & de leur
païs, côme les Espagnols du leur,
& que c'estoyent les accusateurs
mesmes des Iesuites, qui estoyent
mauuais François,& mauuais Es-
pagnols:ce qu'il leur reprocha vn
matin à son leuer,quand il demanda à quelques Seigneurs Huguenots des pl⁹ apparés, ce qui s'estoit
passé de la galere deffaicte aux païs
bas;& comme ils tergiuersoyent à
respondre de peur de s'entrecou-
per. C'est vous, dict-il , Messieurs
qui l'auez armée & munitionnée,
comme autrefois les Rochellois
ont faict sans mon sçeu;& cependant vous ne faictes que tonner
contre les Espagnols, & trafiquez
seuls auec eux en temps de guerre.

Or

Or dictes moy si vn seul simple Iesuite auoit faict la moindre de ces
choses, tout leur Ordre seroit il bõ,
à vostre dire, à donner aux chiens?
& en cecy comme és autres calomnies, il deffendoit cette Compagnie à toutes occurrences, & faisoit caresses aux Peres des autres
nations, qui quelquefois sont ve-
nus en Cour, pour baiser les mains
à sa Majesté, comme fut le Pere
Oliuier Manar Flamand, le Pere
Simon Aluarus, le Pere Claude
Godin Portuguais, le Pere Iean
Aluarus de mesme natiõ, & le Pere
Ferdinand Bastida Espagnol, auec
les autres de nation Italienne, le
Pere Magius nommé cy dessus, &
le Pere Hierosme Barison.

28 On nous taxoit comme gens
opulens, & auaricieux, & aspres aux
biens de la terre, par ce que nous
auons des domiciles rantez com-

*Des riche-
ses & aua-
rice.*

me font les Colleges, & Maifons de probation; il a veu au mefme Infti-tut qu'il n'y a loix plus feueres de la pauureté Religieufe, que chez nous, où chafcun renonce par loy de vœu à la proprieté de tout bien temporel fans referue, qui eft le cœur de la pauureté Euangelique. Et quát eft des chofes exterieures, elle ne peut eftre en icelles plus grande, ne plus eftroitte, à gens qui font profeffion d'aider le pro-chain, aufquels eft neceffaire d'a-uoir ce que dict l'Apoftre, dequoy fe fubftenter & veftir, pour em-ployer apres, fa vie & fes forces, en-feignant, prefchant, & faifant les autres fonctions de noftre Ordre. Et d'autant que ce bruit de richef-fes & d'auarice bourdonnoit im-portunément par l'artifice des Mi-niftres aux oreilles de plufieurs, donnant vne mauuaife odeur à noftre

noſtre robbe ; il voulut ſçauoir à
fond ſondé, les rantes de tous &
chaſcuns nõz Colleges de la France,& vit auec admiration, que les
plus aiſez n'auoyent pas cinquante eſcus à chaſque teſte, pour en-
tretenir leurs ouuriers, & pluſieurs
qui n'en auoyent pas quarante,
pluſieurs moins de trente, & que
ſans les aumoſnes,ils ne pouuoyét
ſubſiſter , leſquelles toutesfois ils
iouiſſoyent difficilement , ſi elles
eſtoyent notables; ſi bien que vul-
guerement il falloit ou les perdre
du tout, ou les auoir à poincte de
proces,& à lopins. Et quant eſt des
Maiſons profeſſes, qui eſt la teſte
de cette Compagnie,& la troiſieſ-
me ſorte de Domiciles, elles n'a-
uoyent, ny pouuoyent auoir rantes aucunes, non pas meſmes pour
la fabrique, ou ſacriſtie;& que leur
domaine & poſſeſsions, leur gre-
nier

nier & leur caue, & leurs thresors e-
stoyent serrez dans le destroict
d'vne besace appuyée sur l'espaule
de la misericorde volontaire des
gens de bié, qui n'est pas tousiours
ny en quartier, ny en veine.

29   On luy auoit faict entendre
que nous gastiós la ieunesse, & que
de nos Escoles ne sortoit aucun
ieune homme bien appris; il a veu
les fruicts que la diuine prouidence produict de nos petits trauaux
en la culture de cest aage, & qu'en
nos Escoles auoyent esté dressez
& nourris vn grand nóbre de ieunes gens, qui auec ce laict & nour-
riture deuote & bonnes lettres, se
sont apres faicts voir dignement
ez charges publiques en toute sor-
te d'estats & de vacation, d'Eglise,
& de Religion, de Magistrat, de
milice & autres. Il s'en est souuent
resiouy & aussi souuent estóné, cóment

ment la calónie auoit esté si aueugle, & si effrontée que de planter
les dens à nostre reputation en vn
endroit si fort, & informé de cette
verité il a faict eriger autant de
nouueaux Colleges en ce Royaume, que la Compagnie a peu donner d'ouuriers, pour les assortir, aus-
quels estudient de vingt-huict à
trente mille escoliers de compte
faict, & en a doté vn de fondation
Royale à la Flesche, où est dressée La Fles-
de soin particulier la noblesse Frá- che.
çoise, & autres qui y veulent venir, & a veu en la particuliere con-
uersation des nostres François &
autres, leur courage, & leur zele
à reduire les ames au train dela
vertu. La cognoissance de toutes ces choses, auec la lumiere que
Dieu luy donnoit en secret, comme il a de coustume de dóner aux
Roys, & Princes pour le bien des

peu

peuples , luy auoit engendré la Royale affection qu'il portoit à cette Compagnie , & iugeoit que ceux qui la voudroyent cognoistre sans passion mauuaise, ne faudroyent de l'aimer, & repetoit souuent que pour l'aimer , il ne falloit que l'auoir cogneuë , qu'il auoit esté trompé ne la cognoissant pas, & qu'il s'estoit detrompé en la cognoissant.

se disoit Iesuite d'affectiõ.

30. Ie luy ay ouy dire que s'il eut voulu estre Religieux, il eut choisi d'estre Iesuite, pour aider les ames; ou Chartreux, pour la solitude & entiere retraicte du monde : aussi s'appelloit il Iesuite d'affection, daignant honorer nostre petitesse de la communication de sa grandeur ; si bien qu'vn iour se partant de luy le P. Hierosme Barison Italien, que nostre P. General Claude Aquauiua luy auoit enuoyé pour

le Pere Hierosme Barison.

les

les afferes de noftre Congregation
generale alors prochaine l'an 1608.
il luy dit, mon pere affeurez Monfieur voftre General, que ie fuis Ie-
fuite en mon ame, encor que ma
robbe foit courte, & adioufta en
touchant fon efpee, dictes luy, que
ie veux eftre fon Vicaire General
en ce qui touche voftre Compagnie en mon Royaume, la prenant
en ma protection & fauuegarde, &
fouhaittant la conferuer en l'integrité de fon Inftitut; Ce qu'il a accompli Royalement d'œuure & de
parole à toutes occurrences, tant
qu'il a vefcu, en tout ce qu'il pouuoit, & quand on luy rapportoit
par fois les fautes de quelques par-
ticuliers, (car nous ne fommes pas
impeccables) il paroit aux coups
des accufations en vray Pere & en
prudent Iuge, difant qu'en la com- Les mef-
pagnie duSauueur,qui n'eftoitque chans pa
de mi les bi

de douze, il y auoit eu vn Iudas, &
qu'il ne falloit pas blaſmer toute
cette communauté, pour la faute
d'vn particulier; ains eſpargner vn
mébre pour le corps, pluſtoſt que
de nuire à tout le corps pour vn
membre. Que diray-ie d'aduantage de cette Royale affection enuers nous, de cette Royale prote-
ctió enuers ce petit Ordre trauerſé,
affligé, perſequuté en tát de lieux,
& ayant ſi grand beſoin d'auoir de
la prouidence diuine, tels protecteurs qu'elle nous auoit donné en
ce Prince, pour eſtre deffendu, de-
trapé, & garanti de bras eſtendu
de ſes difficultez, & par ſa protection & faueur auoir bon large
pour faire ſes fonctions, ſacrifier
au deſert de la Religió ſes trauaux
& ſa vie, pour la gloire de só Createur, & bien du public ? Comment
expoſeray-ie par paroles, ou la grá-
deur

deur de l'immortelle affection de
ce Prince, ou la teneur de l'obligation eternelle que nous luy auons?
32. Mais comment diray ie sans
larmes, qu'apres nous auoir tes-
moigné en tant de façons l'amour
& le cœur de son ame, il nous a
voulu laisser celuy de son corps, &
nous faire depositaires du gage sacré de son amitié, & bien-vueil-
lance tres-Chrestienne? O mes Peres, qui auez porté de Paris à la
Flesche ce Royal depost, quel sentiment peut auoit vostre ame en
le portant? Et quel sentimét vostre
cœur, quand vous auez caché sous
la lame dans l'or ce cœur paternel,
vous souuenant de celuy qui si
cordialemét l'auoit employé pour
vous? Quel sentiment, ô noblesse
Françoise, & nourrissons de sapien-
ce, dressez en cette nouuelle Aca-
demie de Muses Chrestiennes, re-

Son cœur
porté à l
Flesche.

E

ceuant la nouuelle de la mort de
voftre Roy Pere & fõdateur?Quel
fentiment encor fortans de la Flef-
che,pour receuoir fon cœur & honorer la fepulture d'iceluy de põ-
pe funebre auec les prefens de vos
efcrits, de vos ardens foufpirs, de
vos humbles & feruétes prieres?O
mes Peres & Freres,qui eftes là,qui
eftes par toute la France , portans
la Soutane en cette Compagnie,
ains encor qui habitez les païs &
climats fuppofez aux trois Zones
du Ciel,& qui trauaillez pour plã-
ter l'honneur de la Croix, en autant d'endroicts, que le Soleil le-
uãt,& ponãt voit fur la terre habi-
table ; ie vo⁹ exhorte au nom de ce
grãd Dieu que vous feruez,&vous
coniure tous tant qui oüirez cecy,
de garder en vos cœurs par deuë
recognoiffance,l'eternelle memoire de la Royale amitié de ce Roy
tref-

tres-Chrestien, de ses dons & de ses
bien faicts, de les recognoistre par
reciproque amitié, par seruices, par
prieres, pour luy, & pour toute sa
posterité. Mais, ô Royne tres-Chrestienne, où va, où vole ma plume,
& comment s'esgare elle si loing,
escriuant du cœur de ce Prince, qui
n'est qu'à la Flesche? Elle va, vole,
& s'esgare, où le cœur & les souspirs
de l'escriuain la poussent & luy dó-
nent l'essor, & ne peut trouuer repos, qu'en se priuant de repos. Elle
donne tát qu'elle se peut estendre,
parce que la renommée des vertus
& bien faicts du Prince, dont elle
escrit, s'est estenduë sans borne
par tout l'vniuers.

32   Mais puis qu'il se faut tenir
en termes, & escrire par mesure &
à propos, elle reprend les traicts du
zele de vostre tres-honoré Seigneur & mary, dont elle escriuoit,

& dict que ce zele se monstroit encor à faire croistre la splendeur de
l'Eglise Catholique , & la rendre
tousiours plus luisante , en la no-
mination des Prelats dignes de
leur charge : à ces fins nommoit il
des Euesques , & Pasteurs illustres
en vertu & saincteté de vie, comme on voit en plusieurs endroicts
du Royaume , & estoit en volonté de perseuerer tousiours mieux,
& vouloit qu'ils residassent en leurs
Dioceses, & veillassent sur leur trou
peau. Ie dis que ce sien zele n'estoit
pas content de se contenir aux
contrées de la France, mais s'esten-
doit aux païs estrangers & loin-
tains ; & ainsi ces années passées
ayant esté aduerti par Monsieur
de Breues Ambassadeur alors pour
sa Majesté en Leuant, que le grand
Turc estoit sur le poinct de ruiner
le Sainct Sepulchre , & faire vne
mosquée

mosquée de cet ancié & sacré memorial de nostre Redemption , & diuin repaire de la deuotion des Chrestiens,il manda à sondit Ambassadeur d'empescher cette exequution,luy donnant lettres sur ce faict,pour presenter au grand Seigneur;ce qu'il qu'il fit aussi dextrement,que pieusement: dequoy les Religieux de S. François, gardiens du lieu , luy ont donnné tesmoignage honorable , recognoissans deuoir à sa Majesté par son Ambassadeur la conseruation de cette noble piece. Le mesme Seigneur luy auoit donné aduis d'enuoyer quelques Peres de nostre compagnie pour aider les Chrestiens , à Pera lés Constantinople,à quoy il donna l'oreille tres volontiers ; & bien tost apres furent choisis cinq des nostres tous François, pour s'y acheminer, à sçauoir François de

Les Pere Iesuites en uoyes à Cõstantinopl. l'an 1609.

Canillac Superieur de la mission,
Guillaume l'Euesque, & Charles
Gobi Prestres, & Claude Couló, &
Estiéne Viau Coadiuteurs lais, qui
prindrét la benedictió de nostre S.
Pere la susdicte annee passee 1609.
au quatriéme May, & arriuerent à
Constátinople au septiéme Septé-
bre, depuis lequel temps tousiours
assistés de sa Saincteté & de sa Majesté, ils y ont trauaillé auec grand
fruict & ioye spirituelle de ces pauures brebis priuees de Pasteur:
Mais non sans grandes persequu-
tions, non seulement des Schis-
matiques, Heretiques, & Iuifs,
mais encores des mauuais Chrestiés, voire mesme Ecclesiastiques.
Ce qu'entendant sa Majesté, es-
criuit de bon accent au grand Seigneur, à ce qu'on ne leur fit aucun
tort ny empeschemét en leurs pieu-
ses fonctions, ou Monsieur le Ba-
ron

Monsieur de Sallai-gnac.

rō de Sallaignac Ambaſſadeur depuis quatre ans , en Leuant pour ſa
Majeſté tres Chreſtienne, n'a laiſſé
aucun office de prudence, charité,
magnanimité, & liberalité pour
nous; ſollicitāt le S. Pere, & le Roy,
& s'employant de tout ſon cœur,
pour arroſer, ſouſtenir, & accroi-
ſtre la vigne de cette nouuelle Re-
ſidence plantee aux ſablons & de-
ſerts de la Foy , au milieu des buiſ-
ſons, eſpines, & ronces des hereſies,
ſchiſmes & infidelitez Turqueſ-
ques & Payennes. Comme auſſi
par deçà mondit Seigneur de Breues continue de la maintenir, par
toutes les faueurs qu'il leur peut
faire, auec le credit que ſes vertus
luy ont acquis en ce païs-là; l'vn &
l'autre nous ayant obligé d'vn be-
nefice eternel, & tous les Chreſtiés,
qui y reçoiuét le fruict de nos trauaux. De meſme zele il deſſaignoit   *Canada*

pour la fin de la preséte année 1610.
vne miſſion des ouuriers de cette
Compagnie en Canada, païs paral-
lele à la France vers l'Occident,
pour faire porter la lumiere de la
foy à ce pauure peuple, errant encor aux tenebres du Paganiſme, &
arborer les ſignes & drappeaux de
la Croix au regne de Sathan & l'v-
nir au Domaine de IESVS CHRIST:
deſſain qui s'exequutera, quand il
plaira au Roy, & à vous Madame.
Voz Majeſtez auront deuát Dieu
vn grád merite, & vne gráde gloire, de tels exploicts; & l'Eſtat de la
France en receuira vne arre celeſte
de bon'heur, comme l'ame du defunct a emporté quand & ſoy le
fruict & l'honneur de ſa bonne volonté. Toutes les vertus ſont de
grande loüange en vn Roy tres-
Chreſtien, & releuent Royalemét
la Majeſté de ſon Sceptre par ſes

pro

propres qualitez.

33. Il y en auoit encor d'autres, les-
quelles sont cõmunes à tous vrais
Chrestiens, mais paroissant en la
personne d'vn Roy, elles donnent
& prennent plus grand lustre, des-
quelles la pieté, deuotion & ten-
dresse de cœur aux choses spiri-
tuelles, est des premieres : Elle es-
toit remarquable au Roy, mais frã-
che & sans affectation ; ce qu'on
voyoit en tous ses exercices de Re-
ligion : Il prioit Dieu de grande af-
fection en ses heures, matin & soir :
Il ne iuroit iamais : Il prattiquoit
auec grand sentiment de l'ame le
Sacrement de Penitence, & de la
saincte Eucharistie ; & en l'vn &
l'autre tesmoignoit auec ses larmes
d'amertume qu'il sentoit de ses in-
firmitez & defauts, qu'il propo-
soit Royalement corriger, & fai-
soit plusieurs beaux propos de ma-

E 5

gnanimité, & gaignoit touſiours quelque victoire ſur ſoy. On la veu ſouuent larmoyer a la Communion, & à la predication, voire encor quand il oyoit quelques deuis familiers & pieux de la vie future, & du Paradis. Il aſſiſtoit tous les iours à la Meſſe tres-deuotement, & s'enqueroit d'vne ſaincte curioſité de tous les Myſteres de cet auguſte Sacrement, & Sacrifice ; & touſiours à deux genouils, ſi la cerimonie ne requeroit autre poſture. On luy dict vn iour que Monſieur le Dauphin oüyât la Meſſe, auoit faict mettre les deux genoux à terre à quelque Gentil'homme, qu'il voyoit en auoir vn en l'air ; les enfans, dict-il, nous apprennent noſtre leçon en la deuotion. Vn iour de Samedy Sainct, ne pouuât aſſiſter au diuin Seruice, à raiſon d'vne fieure qui l'auoit alicté, il ſe

fit

fit expofer en fa chambre à fon
Côfeſſeur le Pere Pierre Coton les
Propheties de l'Office qu'il enten-
dit auec vne grande tendreſſe de
cœur. Le nerf de la deuotion Chreſtienne, eſt conformer fa volonté
à celle de Dieu, & vouloir ce qu'il
veut, & ne vouloir ce qu'il ne veut;
il l'auoit auſſi, & s'y reſoluoit d'vné
Royale magnanimité. Vn iour vn
Medecin luy diſoit que voſtre
Majeſté enceinte auoit tous les ſignes d'accoucher d'vn fils; ie me
remets, dict-il, à la prouidence de
Dieu, qui ſçait ce qui nous eſt ne-
ceſſaire: ie veux ce qu'il voudra, ſoit
maſle, ſoit femelle, & monſtroit
en pluſieurs rencontres de ſanté,
de maladie, & autres choſes in-
differentes, qu'il auoit le cœur
indifferent pour le faire pancher
la part où ſeroit la volonté de
Dieu.

34 IE viens au tiers membre de mon discours, qui est de son regne, duquel les merueilles n'ont esté moindres que celles de sa personne & de sa conuersion : Grande merueille qu'il a esté faict Roy de France auec tous les bôs titres, qui peuuent establir vn Roy en la Royauté, à sçauoir, par droict de succession, par armes, & par le consentement de ses amis & ennemis, comme par election ; et quatriémement par des voyes extraordinaires, comme par vocation diuine. Des trois premiers titres, il est euident de prime face sans emprût de discours & de preuue. Il est encor clair du quatriéme, si on considere les circonstances des temps, des Estats & des Maisons de France. Il vint au mõde de l'an 1553. Qui eut dict alors, qu'il deut estre Roy de France, estant en vie le Roy Hen-

ry

ry Second, qui fut son parrin, ayãt
trois ou quatre enfans masles? qui
eut peu coniecturer sans merueille, que des lors Dieu ietta l'œil de
sa prouidence sur luy, le marquant
Roy de Frãce, pour luy faire commencer son regne trente six ans
apres, par des voyes extraordinaires? Certes si quelque Samuel l'eut
dict, il eut donné la Prophetie d'v-
ne chose future admirable: Elle a
esté encor plus admirable estant
aduenuë, & de tant plus qu'elle
estoit esloignee de la pensee des
hommes; & sa vocation à la Corõ-
ne, d'autant plus diuine, que les
voyes par lesquelles elle a esté ac-
cõplie, ont esté par dessus le cours
commũ, & fournies d'vne speciale
prouidence du Ciel. La sortie des
Hebrieux tirés de l'Ægyte par vne
main forte & puissante, fut diuine;
la prinse de possession de la terre

pro

promife diuine encor, à raifon des
extraordinaires moyens tenus, tát
pour fortir de captiuité, que pour
viure & combattre au defert, &
fubiuguer les peuples, & Roys de
la Paleftine. Voye extraordinaire icy, que trois Roys de France font morts, pour donner place à vn Roy de Nauarre, & luy
mettre le Sceptre de la France en
main, & la Coronne en tefte, lors
qu'il eftoit reduit au petit poinct,
& penfoit moins que iamais à ce
changement, & luy falloit combattre plufieurs teftes, & comme
cette vocation au fceptre, eftoit
diuine, auffi femble elle auoir efté
diuinement predicte vn peu deuant la mort du Roy Henry troi-
fiefme: car àBourbon les Moulins,
la foudre donnant contre les vi-
tres de la fain<te Chapelle, femées
de fleurs de Lis d'or fans nombre

fur

fur l'azur, auec la barre legitime de
gueules, qui font les Armoiries de
Bourbon, ne brifa rien que la barre, & fit des Armoiries de Bourbon,
les Armoiries de France; figne que
Dieu appelloit le premier de la
maifon de Bourbon à la Coronne
de Fráce: l'ay veu & apprins ce que
ie dis fur le lieu, l'an 1605. paffant
par Moulins pour l'eftabliffement
du College, & le racontay à fa
Majefté pɛu de iours apres, qui en
fut aife; figne encor de cette barre
rompue, en cette façon que les
difficultez, qui faifoyent la barre,
& l'empefchement feroyent oftées
du Ciel; ce que l'experience mon-
ftra bien toft: Ne fut ce pas vn effect & vn coup du Ciel & vn grand
empefchement ofté du Ciel, que
d'vn perfequuteur de l'Eglife, fut
faict vn fils aifné de l'Eglife: coups
du Ciel encores que tant de difficultez

cultez qui s'oppofoyét à fon droit,
ayent efté rompues & brifées en
fi peu de temps & fi diuinement?
coups & faueurs du Ciel, que tant
de dangers de fa perfonne ayent
efté fi heureufement euitéz , &
qu'en vn inftant la Foy, la Paix, le
bon-heur, & le contentement , fe
foyent trouuez logez enfemble
en la France, contre l'Herefie , la
guerre, le mal-heur , & le mef-
aife?

La plus grãde dif-ficulté pour entrer en poffeffiõ de fon regne.

35   Or de toutes les difficultez, la
plus grande fut appuyée ou pre-
textée fur l'interim de fa conuerfion, car comme il ne pouuoit eftre
fils aifné de l'Eglife, qu'il ne fuft
fils de l'Eglife, ny Roy tref-Chre-
ftien, qu'il ne fut fidele Chreftien,
autant fe reculoit fa Coronation
temporelle, que fa conuerfion fpi-
rituelle fe differoit, & tandis qu'il
temporifoit, pour eftre inftruict, &
pren

prendre langue du sainct Esprit,
on print occasion de penser qu'il
tergiuersoit, pour ne se departir iamais de la doctrine qu'il auoit suc-
cée auec le laict de son enfance, &
sur cette presomption furent fon-
dées les oppositions de trois sortes
de gens, qui le trauersoyent, les
vns estoyent esmeus de la iuste
crainte qu'ils auoyent que luy
estát Roy de France, armé de puissance & d'auctorité, il ne fit prendre coup à la Religion Catholique
en France: les autres poussez de zele, faisoyent tout effort de defendre cette Religion, s'opposant au
danger à outrance : les autres se
mettoyent à la trauerse, auec pre-
texte de Religion, comme les premiers & seconds, mais possible in-
duicts de leur propre interest, cher-
choyent la terre affublez de la ca-
pe du Ciel. Dieu qui voit tout & *Grande*
prouidence
de Dieu.

F

considere tout, fit vn diuin repart
de sa misericorde, & de sa iustice
ensemble en la personne du Roy,
donnant à chascun ce qu'il luy falloit pour remede de son mal. En
faueur des premiers il fit le Roy
Catholique, les garissant de la
crainte qu'ils auoyent qu'il ne
demeurast en son erreur; en faueur
des seconds il fit le Roy non seulement Catholique, mais zelateur
de la Foy Catholique:& par ce que
cette Compagnie poussee de zele pour la Foy, & pour sa Patrie,
s'estoit employee sans espargne
pour l'vne & pour l'autre, & auoit
esté chassee de sa patrie & singulie-
rement enduré & pati l'ardeur du
Soleil, & le trauail du iour; pour
quelque notable consolation, cette mesme prouidence luy a à la
fin conuerty, & donné le cœur du
Roy viuant & mourant,& d'ennemy

my remarquable, le luy a rendu
protecteur & bienfacteur singulier
& vray Pere:merueille que persóne
ne peut nier, non pas mesmes ceux
qui disent que les miracles sont ex.
pirez. Aux troisiemes pour doux &
honorable chastiment,il leur donna pour Roy celuy qu'ils auoyent
prins pour bute,maisRoy tres-cle-
mét, qui aima mieux les auoir spe.
ctateurs de ses triomphes,que pri-
sonniers de iustice ou de guerre,&
victimes de vengeance & de mort.

36 Le progrez a eu ses merueilles,
comme le commencement,la paix
honnorable auec l'estranger , &
deux villes imprenables rendues,
Calais,& Amiens ; toutes les villes
où les Catholiques cómandoyent,
mises entre les mains de sa Majesté, & ceux de la pretendue Religion reformée y mettront celles
qu'ils tiennent encor , quand ils

fuiuront l'efprit de leur bon naturel François & la leçon du Liure de
Dieu, qui commande d'obeir aux
Roys, & defend de dreffer vn eftat
dás fon eftat : merueille auffi a efté
le bon heur du mariage faict entre fa Majefté & la voftre, & l'alliá-
ce du fang imperial auec celuy de
France, bon heur ineftimable : car
fi c'eft vn rencontre d'vn grand
threfor de trouuer vne efpoufe
vertueufe; ç'a efté vn acqueft d'vn
bié indicible auRoy, de vous auoir
efpoufee, auec le riche doüaire de
vos vertus Royales, qui furpaffent
le prix de mille threfors, & qui vo⁹
faifoit pieça digne d'auoir pour
mari le premier Roy du monde,
Merueille encor l'heureufe naif-
fance d'vn Dauphin, en la premiere année d'iceluy Mariage, & de
fuite fauorable deux autres mafles
& trois filles, les plus defirez fruicts
de

de la Royale couche, contenant le
tige & la femence d'vne longue
pofterité, s'il plaift à Dieu protecteur fpecial de la Fráce, la profpe-
rer toufiours de la faueur de fa diui
ne prouidence. Merueille l'accord
conclud auec le Sereniffime Prince de Sauoye, les Ambaffades faictes en diuers païs, nommément,
comme i'ay dict cy deffus, celle de
Monfeigneur de Neuers à noftre
Sainct Pere Paul cinquiefme, ad-
miree de tous ceux qui n'admirent
rien de mediocre ; le deteftable &
pernicieux abus des duels códam-
né & prohibé par vn feuere edict,
& la caufe d'vn ignominieux &
eternel opprobre, oftée à la fole
ambition d'honneur faux ; & l'oc-
cafió de maintes infortunes dedás
ce Royaume, retranchée; bon heur
& merueille encor la feureté par
tout le Royaume, és villes & aux

champs, où au parauant perfonne n'eftoit affeuré ; en fomme vne belle efperance que les chofes du Royaume iroyent de mieux en mieux pour la Religion Catholique, & pour l'eftat, veu le bõ defir, & la bonne difpofition que fa Majefté monftroit par effect de vouloir donner bon ordre & bon reglement à toutes les parties de ce corps Monarchique, trauaillé des excez des maladies ciuiles de cinquante ans en ça, qu'on n'auoit pas fi toft peu remettre en fon entiere & ancienne fanté & vigueur. Ie ne dis rien des edifices Royaulx, & œuures magnifiques qui fe fõt faictes par luy, à Paris, à Fõteinebleau, à S. Germain, & ailleurs ; il vaut mieux couurir ces chofes du voile de filence, qu'en faire parade en paffant, mefmes où il y en a de plus belles ; elles monftrent neantmoins

quel

quel estoit son esprit, & sont ornemens de son Regne.

Mais, Madame, qu'elle consolation aura vostre Majesté & la France auec elle , oyant les merueilles
de ce Prince, de ses vertus, de sa cō-
uersion, de son Regne, de ses dons
de nature & de grace, que i'ay dict,
& que ie n'ay pas dict, ne pouuant
tout dire, ny escrire plusieurs liures
dans vne lettre , comme l'ancien
artisan graua les vint-quatre liures
de l'Iliade d'Homere sur l'escorce L'Iliad
d'vne noix? Quel soulagement dis-
je aura vostre ame en son dueil, se
souuenant de la perte de celuy qui
donnoit fond & lustre à toutes ces
merueilles? qui possedoit toutes ces
richesses d'esprit, & de corps? qui
promettoit toutes ces esperances,
& qui semble auoir tout mis au
cercueil & enseueli quand & soy?
Madame, vostre Majesté ne peut

F

tirer de la narration de ces chofes
autre foulas qu'vne douce memoire de só Seigneur & mary,vne viue
image de fes graces , fi ma plume les a fceu naïfuement pour-
trairé ; & à l'afpect de cette image,fe confoler , voire en pleurant
& gemiffant,à la façon de l'efpoufe
qui contemple le pourtraict de fon
efpoux defunct, & fe foulage par
larmes & foufpirs en le contéplant;
ou à guife de ceux qui pleurent
oyant raconter fur vn theatre par
difcours poëtiques , ou en chaire
par oraifons funebres, les fortunes
& infortunes lamentables & hauts
faicts des grands Roys:& de tant
plus qu'ils iettent de larmes de
leurs yeux , de tant plus font ils
contens & refiouis en leur ame:
cette image vous reprefente ce
Roy comme viuant;car c'eft vne
image viue &immortelle,tirée des

loüan-
de la
tu,ima-
viues.

cou

couleurs des vertus de son patron,
qui ne peuuent mourir:image qui
ne peut estre enseuelie, ny endurer corruption sous la lame ; plus
noble de beaucoup que celle qui
en la quaranteine du dueil Royal,
a esté mise en la sale du Louure sur
le lict de parade,& apres portée aux
obseques Royales dedans le cha-
riot d'armes ; par ce qu'elle repre-
sente, non le corps, mais l'ame du
defunct ; & le faict aucunement
viure,& donne quelque reparatiõ
de la perte de sa presence, & quelque soulas au milieu du dueil:si le
souuenir de la mort de ce grand
Roy vostre espoux faict gemir
vostre Majesté vefue, comme il
n'en faut pas douter; gemir toute
la France orpheline, gemir toute
l'Europe estonnée;que le souuenir
de son immortalité, de son nom,
de ses belles œuures , facent res-

iouir voſtre Majeſté, comme la France & l'Europe. Le premier iour de ce mois de Iuillet, le Heraut & Roy d'armes eſtant ſous la voute de l'Egliſe ſainct Denys heberge-ment ſepulchral des corps de nos Rcys, apres l'enterremét cria trois fois d'vne voix lamétable , *Le Roy eſt mort, priez pour ſon ame.* Ie ne dou-te point que cette voix n'ait fen-du le cœur de ceux qui l'ont oüie, & ſi elle euſt eſté ſi forte qu'elle eut peu frapper l'oreille de tout le peu-ple François, elle eſtoit ſuffiſante pour rengreger à pluſieurs la playe du dueil iuſques à la mort.comme il aduint à deux officiers de la gar-de de Charles huictieſme , qui moururent de ſoudaine triſteſſe à la rupture du baſton Magiſtral. Que cette voix ſoit adoucie par l'autre,qui apres a eſté proferée à l'inſtát, par le meſme Heraut trois

fois

fois encor, *Viue le Roy Louys treziefme.* Qu'il viue vn siecle, & viue eternellement , mais que cette voix s'entende aussi de son tref honoré Pere, & soit dict, *Viue le Roy Henry quatriefme,* Roy immortel par ses proüesses & qualitez Royales, qui a regné au cœur de ses subiects & amis, s'est faict admirer en l'esprit de ses ennemis, qui regnera en la longue prosperité de sa race, en la memoire des siecles, & peuples à venir.

38 VOILA Madame, trois actes finis de la Consolatió: suit le quatriesme contenant la catastrofe de la tragedie & la mort du Roy, de laquelle il me faut parler selon ma promesse, comme de sa personne, de sa conuersion, & de son regne, & monstrer qu'elle est merueilleuse. Mais ie ne sçay par quel bout commencer , ny par quel

quelle iſſuë finir. Ie vois en la porte de mon diſcours l'effigie d'vne
mort auſsi horrible que cruelle,&
non conuenable à la qualité d'vn
Roy tres-Chreſtien,ie vois ce bon
Roy aſſaſſiné d'vne main parricide rendre l'eſprit hors le temps:&
ſi ie veux dire les merueilles de cette mort,vn eſquadron de merueilles funeſtes ſe preſente deuant les
yeux de mõ eſprit effrayé, vn Roy
tres-Chreſtien,tres-bening,&tres-
ſage parricidé par la main d'vn
pendard , au milieu de ſes triomphes , en ſa bonne ville de Paris.
Pluſtoſt feru que pouuoir eſtre ſe-
couru,pluſtoſt eſtouffé que pouuoir parler,& ſa vie pluſtoſt noyée
dedãs les ondes de ſon ſang Royal
que pouuoir dire ſes derniers a-
dieux à voˀ, Madame,à ſes enfãs,à
ſes fideles amis, à ſõ bõ peuple.Ha
pendard!deſnaturé Frãçois, qu'as-

tu

tu faict, ou que veux tu faire , ap-
poinctant le fer parricide au sacré
costé de L'OINCT du Seigneur , &
frappant le cœur de celuy qui a
gaigné le cœur de tous ceux qui
ont ouy ses vertus & prouësses, non
seulement des Chrestiens, mais encor des Payens plus Barbares? Qui
frappes tu malheureux ? tu frappes en son cœur le cœur de toute
l'Europe. As-tu l'ame d'vn hôme,
& non d'vn cruel rinoceros, haïs-
sant celuy qui est aymé de tous, &
ostant la vie à celuy que chacun
desire viure plusieurs siecles ? ton
corps n'est il pas animé de quelque Demon des plus scelerats &
impies qui blasphemét, & grincét
de rage là bas , animé encor de
quelque legion furiale, qui t'a en-
flammé le cœur, enflé les poulmôs,
& roidy le bras pour le hausser à ce
coup execrable? mais oseras tu biẽ

exe

executer ton deſſain malheureux,
& aſſaſſiner ce grand Roy , le Roy
de France , qui n'a ſon pareil en
tout l'vniuers? l'aſſaſſiner entre ſes
chers amis , en plein iour, en pleine ruë , en ſon caroſſe Royal? Ha
caroſſe, ie te vois arreſté, pourquoy
t'arreſtes tu en cette rue, en ce pas,
en ce lieu perilleux , portant vne
charge ſi pretieuſe? tu portes en
ton ſein Henry le Grand, la grande fortune de la France , le pere
des François, l'honneur des Roys,
la merueille du monde; n'arreſte
plus en ce paſſage, qui cache vn
brigand deteſtable, vn horrible
malheur? Auant, Caroſſier , donne
de la voix & du foüet, bondiſſez, ô
courſiers, gallopez & detrapez vi-
ſtement de danger ce caroſſe, & ce
gage precieux ; & ne donnez loiſir
de ietter ſa rage à ce voleur deſeſ-
peré, qui accompagné de pluſieurs

Də

Demons regarde ce Prince, l'attend, & le guette ; à ce tygre furieux & endiablé, qui le flaire &
prend le vent,& luy va rauir la vie,
& noyer dans son sang, s'il peut,
le bon heur & repos de la France.
Las!c'est trop arresté, il a faict son
coup,& ouuert les portes à la mort.
Ha Prince valeureux, auiez vous
vescu cinquante sept ans en ce
monde pour mourir ainsi? estiez
vous esleué à la Royauté , par les
degrez de tant de merueilles, es-
chappé de tant de dangers , & de
tant de charges?de l'effort de trois
batailles rangées, du hazard de
trois cens sieges de place, de l'af-
front de trente cinq rencontres
d'armées,du heurt de cent & quarante combats, asseuré parmy la
gresle des boulets,des plombs, des
bales,des harquebuses, mousquets
&artilleries;parmy les poinctes des
fers

fers aux foffez, aux tranchées, aux
embufches des ennemis, pour eftre
à la fin meurtri d'vn bras deteftable , entre vos amis & feruiteurs;
pour fortir de cette vie par vne
porte parée de fi funeftes , & fi
horribles merueilles, par vne porte d'vne mort violente , foudaine,
& inefperée, que tout vray enfant
de Dieu doit craindre, appris de la
voix de fa mere l'Eglife, laquelle
par prieres ordinaires demande
l'exemption d'vne telle mort, cōme la deliurance d'vn grand defaftre, & dict auec grand'inftance,
Deliure nous Seigneur de la mort fubite,
& non preueuë?

39   Icy, Madame, le cœur me pal-
pite, la fueur & palleur me vient au
vifage, la main me tremble, & ma
plume tarit au milieu de mes larmes , plus propre à baigner &
broüiller le papier , qu'à y peindre

A fubita-
nea & im-
prouifa
morte.

des

des caracteres de consolation. Icy
la mort m'espouuante à bõ esciét,
par ce que ie vois qu'il n'y a rien si
espouuãtable, que ce gére de mort;
mais puis qu'il a pleu à Dieu permettre ce malheur, il se faut conformer à sa saincte volonté, & croire non seulement qu'il est iuste, &
sage en sa permission pour en tirer
profit, mais encor misericordieux,
voire pour le defunct, comme no⁹
le verrons vn iour. Il n'est pas au-
cteur du forfaict, ny instigateur du
malfacteur, comme dict la blas-
.phemante voix de Caluin, ains il
le deteste, comme contraire à ses
Loix, qui prohibent le meurtre,
.nommément celuy qui est com-
mis en la personne du pere, qui est
vn Parricide; & du Pere commun,
tel que sont les Rois, que par autres Loix il commande estroitte-
ment honorer : Parricide beau-

G

coup plus deteſtable en leur perſonne, que celuy qui eſt faict en la
perſonne du Pere naturel ; crime
& forfaict de leze Majeſté diuine
& humaine en premier chef. Dieu
le pouuoit empeſcher de puiſſan-
ce abſoluë, comme il pourroit empeſcher tous les maux qui ſe font,
& deliurer le Prince de ce danger,
comme cent fois il l'auoit preſer-
ué de mort ; il pouuoit lier les
mains à ce lougarou enragé, & ne
faut pas douter qu'il ne luy euſt jà
donné pluſieurs bonnes inſpira-
tions, & atteinctes de conſcience,
pour le diuertir de la trainée de ſa
meſchanceté, & qu'il ne l'euſt pluſieurs fois empeſché de l'exequuter
durant le temps qu'il l'eſpioit à
Paris; mais le voyant obſtiné, comme vn Iudas, il luy à laſché à la fin
la bride, comme il fiſt à Iudas, luy
permettant d'vſer & d'abuſer de
ſon

son franc arbitre, & s'enferrer à la
mort, en causant la mort à autruy:
c'est à sa bonté & sagesse de tour-
ner le mal qu'il a permis, en vn
plus grand bien, comme il a faict
des autres qu'il permet;car s'il n'en
sçauoit tirer profit pour sa gloire &
bien de ses esleuz,il ne les permet-
troit pas. Il pouuoit empescher les
Iuifs , qu'ils ne missent la main au
corps de son Fils , & ne le fissent
mourir , & les en detourna par aduis & menaces tant que sa loy le
permettoit, sans interesser la franchise de leur liberté;mais en fin il
leur permit d'exequuter leur des-
sain , & tremper leurs mains de-
testables au sang de l'innocent,&
commettre vn Parricide le plus e-
xecrable qui se puisse commettre
des hommes ; car ce fut tuer Dieu,
Pere, & Createur de toutes choses.
Il le permit donc,mais auec dessein

*Le plus
grand Par-
ricide de
tous.*

& volonté de le conuertir , comme il a faict, au salut des humains. Donc pour recueillir fruict de cõsolation de tous les coups aduersaires, c'est de cõsiderer qu'il n'aduient aucun mal sans la permission de Dieu; & que tout ce qu'il permet, nous peut estre profitable, si nous sommes patiens, & sçauons bien tenir le gouuernail de nostre franc arbitre en la tormente des vents contraires, & voguer sur les flots de la mer courroucée, faisans tousiours demeurer la raison & pieté Chrestienne, en la pouppe de nostre vaisseau.

41 Ie dis secondemét, que de ces morts soudaines & desastreuses, violentes ou de maladie, l'on ne doit pas tousiours tirer consequéce de perdition; non plus que des aduersitez d'vne personne , iuger qu'elle est meschante, comme fai-

soyent

foyent les amis de Iob; ny au contraire prendre argument certain
de falut, d'vne mort paifible ; ny
d'vne grande profperité d'vn hôme, tenir pour affeuré qu'il eft hôme de bié, s'il n'a autres enfeignes:
plufieurs expirent miferablement
qui font fauuez, plufieurs meurent
honorablement, qui font damnez.
Lazare expira d'angoiffe & de ma-
le faim, chargé de playes & d'infirmitez, gifant fur la dure, abandonné de tous; & fon ame chaffée du
corps fut portée au fein d'Abraham , repos & repaire des iuftes:
Le mauuais riche mourut en fon
lict mollet, & paré à la Royale; af-
fifté de moyens, d'amis, de Medecins , & de feruiteurs, & fut preci-
pité là bas; & fa couche eternelle
fut l'abyfme, & le puy d'enfer. Cô-
bien de gens iugerent alors des
yeux humains, que cetuy cy eftoit

heureux en sa mort, & celuy là mal
heureux en la sienne? & combien
furent ils trópez en leur iugement?
Miphiboseth, fils du Roy Saül, fut
tué par des larrós domestiques, qui
l'assassinerent en son lict, comme il
reposoit sur le iour. Dauid le iu-
gea innocent, & fit tuer à l'instant
les assassins, qui luy anuoyent porté sa teste pour le gratifier. Fulco
Roy de Hierusalem courant vn
lieure, fut ietté par terre, & petillé
de só cheual, expira sous ses pieds.
Iosias estant apres Dauid vn des
meilleurs Roys de Iuda, en pieté,
liberalité, deuotion, & autres vertus Royales ; & estant allé de bon
zele rencótrer Nechao Roy d'Æ-
gypte Payen pour luy faire teste, &
l'empecher de rauager le païs d'autruy, receut au camp vn coup de
fleche inopinément, & mourut.
Tous les gens de bien en furent

eston

estonnez, & le pleurerent amere-
ment, sur tous Hieremie, dict l'Escriture. Qui eut estimé qu'vn tel
Roy deut finir sa vie en telle faço?
Sainct Louys mourut de dissente-
rie aux riuages de l'Afrique au milieu de son armee trauaillee de peste aagé de cinquante sept ans, qui
est l'aage de nostre bon Roy : Ce
Sainct estoit allé l'à pour la cause
de Dieu, & y mourut pour Dieu,
contre le iugement des hómes, iu-
geás possible qu'il deuoit estre pre-
serué encor en vie, & ne mourir en
cette façon, ny en cette terre. Egil-
lus Roy des Goths tres-bó Prince
fut tué en la ruë par vn taureau
furieux, que quelques meschás li-
bertins, ne pouuans endurer sa iustice, luy firent venir au deuant.
Malcomus premier Roy d'Escosse,
apres auoir faict plusieurs beaux
exploits de iustice, visitant son

Royaume fut eftouffé en vne nuit.

Comment
Dieu aide
aux qui
meurent
foudaine-
ment.

42   Or Dieu voulât faire mifericorde à ceux qui sôt ainfi furprins, il leur donne à l'inftant la cognoiffance d'eux mefmes, & vn cœur repenti & contrit, & leur faict crier merci en filence. Ainfi il eft à efperer, Madame, que ce Pere mifericordieux, ayant permis ce coup de malheur en la perfonne du Roy, luy aura donné en cet article de temps, le fecours que l'Eglife luy pouuoit donner par les Sacremés: il aura fauué cette ame, qu'il auoit doüée de tant de belles graces, la receuant en la place, & compagnie de fes amys: Et parce que ce poinct contient le plus doux electuere de voftre confolation & de la France, ie tafcheray d'apporter les fignes, qui peuuent rendre cette affertion croyable, auec quelque lumiere de fa predeftination, & apres mettray

les

les raisons pour lesquelles il semble que Dieu a voulu permettre ce
desastre.

43   Le premier signe est prins de
son extraordinaire clemence, vertu toute propre des predestinez,
comme au contraire la cruauté
singuliere marque de reprobatió.
Or si la souueraine bonté se plaist
tant à cette vertu, & s'il l'a donnee
remarquablement à ses plus gráds
amys, Moyse, Dauid & autres semblables, & luy promet particulier
salaire ; & si IESVS CHRIST la
mesme clemence, la recommádee,
iusques à la mettre au rang des
huict beatitudes : & s'il l'auoit dó-
née à nostre Prince auec si large
mesure, qu'il l'auoit faict modelle
de douceur, cóment auroit il abá-
donné cette ame misericordieuse
au passage où elle auoit plus de besoin que iamais, d'estre recogneuë

de sa clemence & misericorde. Le
second signe est tiré des merueilles
que Dieu a faictes en la personne
de ce Prince, l'ayant conserué des
son enfance, & le faisât viure pour
estre esleué à la Monarchie Françoise, & qui surpasse toutes les faueurs premieres, pour le retirer de
l'estat, & tenebres de l'heresie, & le
mettre au pourpris de la lumiere
de son Eglise. C'estoit dónc pour le
sauuer, & non pour l'abandonner
à la fin de ses iours, & le laisser nau-
frager au port, & perdre au dernier article de sa vie. Le troisiesme
est dóné par les œuures qu'il a faictes pour icelle Eglise, pour la ré-
duction des errans, pour le bien de
de la Foy en tant de lieux de son
Royaume, où il a remis l'exercice
de la Religion Catholique Apostolique & Romaine ; & cóme ces
œuures estoyent dons du Ciel, ain-

si

fi meritoyent elles felon l'œcono-
mie de la iuftice diuine, guerdõ en
uers Dieu, qui ne laiffe rié à reco-
gnoiftre, rié fans recõpenfe; liberal
en donnant, liberal en coronant
fes dons; donnant les talens, & re-
compenfant le bon traffic des feruiteurs qui les ont faict profiter.
Comment donc fe pourroit il faire que Dieu fe fut oublié de tous
ces feruices, le laiffant perir au dernier peril, pour eftre mis en oubly
eternel auec toutes ces œuures?

44　　Le quatriefme eft les prieres
qui fe font faictes pour fon falut
& profperité en fon viuant , pre-
mierement en la France par toutes
fortes de gens Catholiques & bõs
fubiects, qui font, Dieu mercy , en
bon nombre ; par les Ecclefiafti-
ques, par les maifons Religieufes,
auec ieufnes, veilles , macerations
de corps, & toutes les meilleures

pieces

pieces de deuotion que l'on a peu
employer; & dehors le Royaume,
par vne infinie multitude de personnes tres-affectionnees à sa Majesté, encor qu'elles ne fussent de
nation Françoise: En Italie, & nómément à Rome; en Alemagne, en
Poloigne, & par toute la Chrestienté; du Septentrion, aux cõfins
de l'Europe, & de l'Asie; à Cõstan-
tinople, &en Hierusalẽ; tout l'Vniuers de cette petite Compagnie esparse par les Regions des mondes
vieux & nouueaux, a offert plusieurs milliers de Sacrifices, de
prieres, & de trauaux religieux
pour luy; le Iappon, la Chine, & les
Indes du Leuant, de Malaca, de
Goa; les Isles Philippines, les Indes
du Ponant, le Bresil, le Mexique, le
Peru, les Isles voisines, ont prié
pour luy, &toutes ont entédu le nõ
de Henry IV. Roy de France & de

Na

Nauarre, fondateur & infigne biē
facteur & protecteur de la Con-
pagnie de IESVS, & tendu les mains
au Ciel pour luy; & en tous les fuf-
dicts titres chafque Preftre a dict
neuf Meffes, & chafque frere offert
des prieres à proportion pour le falut de ce Prince tres-Chreftien, Pere de cet Ordre. En outre je fçay
qu'icy à Rome & ailleurs plufieurs
offroyent toutes les femaines des
particulieres deuotiõs à Dieu pour
fon Salut, qui n'eftoyent pas François; i'en nomme vn pour tous, qui
s'eft faict cognoiftre par fes efcrits
par toute la Chreftienté, Benoift
Pererius, Efpagnol de nation, qui
difoit toutes les femaines la Meffe
pour luy, & les autres ne difoyent
iamais Meffe fans le recommander
à la diuine Majefté: Ie mets en derniere lifte les prieres les plus pures,
& les premieres en credit, qui font

celles

*Le Pere
Benoift Pe
rerius.*

celles des Sainſts immortels, & re-
gnans au Ciel ; qui ſans doute ont
preſenté leurs requeſtes pour ſon
bien, à leur Roy & Seigneur.

46   Or qui ne croira qu'entre tant
d'interceſſeurs dedans & dehors
la France, en la terre , & au ciel,
ne ſe ſoyent trouuez pluſieurs milliers de belles ames, qui ayent eu
l'oreille fauorable & miſericor-
dieuſe du Roy tout puiſſant , &
tout bon, qui fait la volóté de ceux
qui le craignent , affin d'impetrer
miſericorde de ſa miſericorde,
pour le ſalut de ce bon Roy tant
miſericordieux enuers tous, tant
zelé au bien de ſon Egliſe, & ſalut
des ames; tant fauoriſé de ſes graces, impetrer, diſ-ie, vne bonne pe-
rióde de vie mortelle, vne bonne
fin de la courſe mortelle, vne ſain-
ſte eſmotion d'vn cœur contrit, en
ce cœur nauré, au point de la mort,

à

à ce que l'ame partant de ce corps & de ce monde, fit vn vol heureux de la terre au ciel, de la mort à la vie, du Royaume de France au Royaume de Dieu? Seroit-il bien possible que Dieu tout clement & tout doux, la mesme clemence & douceur, n'eut ouy la priere de quelqu'vne de ces ames sainctes? pourroit-il bien aduenir qu'il eut rejetté les requestes de ses Saincts, qui l'ont prié en leur particulier, & en corps, au Sanctuere de son Egli- se, tant militante ça bas en terre, que triomphante là sus au Ciel; qui l'en ont prié de tant plus ardem- ment, que plus clerement il voyét & preuoyent les necessitez & dan- gers de ce nostre pelerinage mor- tel? Ie le crois ainsi, & ainsi la pieté Chrestienne le doit croire, Icy vo- stre Majesté excusera ma liberté, s'il luy plaist, & la Fráce auec elle pré-

dra

dra de bonne part que je die fran-
chement que je n'en doute point
en particulier du bien-heureux
Ignace de Loyola, en tant que Pa-
triot Nauarrois, mais principale-
ment comme estant tenu & obligé
à prier pour nostre Roy à raisó des
grands benefices dont il auoit honoré la Compagnie, iadis commé-
cee à Paris par Ignace, & plantee
du depuis en tant de lieux de la
France, que nous voyons par la
faueur de ce Prince tres-benin
Ie n'en doute point encor de ce
grand Docteur des mondes cy deuant descouuers, le bien-heureux
François Xauier pour les mesmes
raisons. Moins encor en doute-je
de vous, ô glorieux Prince Sainct
Louys, iadis Monarque de cette
France, & grand ayeul de cettuy
nostre Héry. Ie ne doute point que
voyant au miroir de la face de la

Le bien-heureux Ignace de Loyola.

Le bien heureux François Xauier.

Sainct Louys.

supreme verité, où tout se peut
voir, le dernier danger de ce voftre
Fleuron, felô la refolution du grãd
Dieu, de vouloir permettre qu'il
fut raui d'entre les mortels; je ne
doute point que regardant voftre
ville de Paris, & voyant en ce tri-
fte Vendredy deux fois feptiéme
de May, voltiger au tour du car-
rofle Royal, ce Leopard furieux, armé de fer & de rage, cherchant
voftre petit, fils & deja hauffant le
bras, pour luy planter la poinĉte
meurtriere au flanc, vous n'ayez
crié & fupplié cette Majefté patié-
te, ô Dieu! Mercy pour mon fils. O
Dieu fouuerain, mifericordieux &
iufte en tous vos iugemens! puif-
que vous permettez à ce parricide
donner fur la vie du corps de ce
Prince, ma race, referuez la vie de
l'ame & donnez luy la lumiere &
la force de fe voir, de vous voir, de

vous fupplier, & frapper efficacement l'oreille de voftre mifericorde,& fortir du monde auec le fauf
conduit de voftre bonne grace.

47   Ha! grand fainct, à la mienne
volonté, que vous euffiez impetré
de ce Dieu, que voftre fils peuft
eftre du tout referué pour viure,&
meriter encor fur la terre: que s'il
falloit que quelqu'vn payaft pour
quelque faute de la Fráce, & mou-
ruft pour la France, que celuy qui
efcrit cecy, & qui vous inuoque
tous les iours, euft peu eftre digne
de mourir & payer, & eftre def-
guisé en quelque façon, & mis dás
ce caroffe, & fubftitué en la place
de voftre fils, pour receuoir le coup
de la mort, efpandre le fang, &
dóner ce qui luy refte de vie pour
fon Roy, pour fon falut, & pour fa
patrie: vous m'euffiez honoré d'vn
bien-faict immortel, &ma vie em-
ployée

ployee pour vn Roy, &tel Roy, auroit efté terminée par vne periode
Royalement Royale; &ce carroffe
m'euft efté vn lict d'honneur, &
cette mort vne porte glorieufe au
fejour de la felicité. O Prince digne de viure toufiours! Comment,
en quel lieu, en quel temps efpan-
dez vous le fang, & la vie! O Madame, où fuis-je parlant du defaftre de ce grand Prince! Ie fuis hors
de moy, je ne fuis point à Rome,
où je le lamente; ie fuis à Paris, où
mon imagination, mon affection,
& mon affliction me tranfporte.
Ie fuis en cette ruë defaftree de la
Ferróniere; ie vois cet affaffin parricide, ayant tiré fes coups, pofé l'e-
fcume de fa rage, eftant ja faifi, làs
bien tard! Ie vois ce Carroffe doré
aux fleurs de Lis, tourné en vn cercueil fanglant, & là nobleffe qui
eftoit dedans deuifant, tátoft auec

son Roy, & celle qui eftoit dehors à cheual, l'accompagnant, demy morte d'eftonnement. Ie vois tout Paris efperdu au bruit de cette funefte nouuelle, & tranfporté d'vne extreme lieffe en vn extreme dueil. Ie vois ce Monarque, Patron de la douceur & vaillâce des Roys, cruellement & miferablement attainct, verfer le fang & la vie, & rougir ce char non triomphant, de fa pourpre facrée. Ie vois fon Royal vifage blefmi de la palleur de la mort, & fes yeux ouuers au Ciel parlans à Dieu au lieu des leures, qui ne peuuent parler : Ie luy parle & l'embraffe, ie luy baife les Royales mains, ie crie, ie prie, ie pleure, ie defire mourir auec luy: I'implore le Ciel pour luy, O Dieu tres-clement, faictes mercy de la vie eternelle à cette ame toute Royale, qui a faict reuiure la Foy

de

de voſtre Egliſe en tant de lieux,
qu'elle ſente maintenant le doux
fruict de la Croix de voſtre Fils,
puis qu'il a faict mettre l'Eſtan-
dard de la Croix au milieu de voz
ennemys, pour vous les rédre amis,
& ſeruiteurs: faictes luy miſericorde, à luy qui pardonnoit à tous.
Madame, ie reuiens à moy, & con-
clus ce quatriéme ſigne de bonne
eſperance, & dis auec autant d'aſ-
ſeurance, que dire ſe peut en choſes ſemblables, que Dieu aura ouy
la priere du Ciel, & de la terre, le
ſuppliant pour le ſalut de ce Prince, à ce qu'il ſoit decedé en la grace, & en l'eſtat des enfans de Dieu.

48   Le cinquiéme ſigne qui nous
doit faire bien croire & bien eſpe-
rer, conſiſte ez bons propos, que le
Roy faiſoit, nommément depuis
quelques iours, ce que ie ſçay par
ceux qui le peuuét ſauoir: Et le Pe-

Le 5. ſigne,
ſes bons
propos.

H 3

re Pierre Coton, tres-fidele ferui-
teur de cette Majefté, & toufiours
defireux de s'employer & mourir
pour elle, & fur tous affligé de ce
coup, en fçait beaucoup plus que
moy. Il defiroit, comme i'ay dit, de
corriger à bon efcient les defauts
de l'Eftat en fon Royaume, & accroiftre en fa perfonne les ornemens fpirituels dignes de fa per-
De fon ar- fóne. En ce que plufieurs ont prins
mée. occafion de parler fur l'armee ia
faicte par luy, comme s'il euft voulu donner fecours à l'Heretique au
preiudice de l'Eglife Catholique,
il auoit, non feulement bonne intention, mais bon moyé encor de
faire que tout tourneroit au bien
de la Foy, fi l'Europe eut efté digne
de luy voir accomplir cette merueille : I'ay veu par les lettres qu'il
efcriuit par deça, ce qu'il auoit def-
ja faict auec les Electeurs de l'Em-
pire,

pire, & ce qu'il pretendoit faire pour l'Eglise de Dieu: Et personne de ceux qui iugeoyent à la volee, ne sçauoit les ressorts du bon conseil & du cœur Royal de ce Prince tres-Chrestien : Cependant il faisoit & attendoit la fin, & laissoit dire, sachant fort bien qu'il est mal aisé de bien faire, sans ouïr mal-dire, & que faire bié & endurer mesdisance, c'est vne noble combination d'action & Passion Royale: Ces bós propos & bons desirs dónez du Ciel, ont esté autant de dispositions pour le rendre capable de la prouidence & misericorde diuine, en ce destroict de la mort, & le mesme Dieu, qui l'auoit disposé, luy aura dóné la grace, à laquelle il le disposoit. Le sixiéme signe sont les fresches & dernieres deuotions voisines de son iour dernier. Le 13. de May, iour du sacre de vostre

H 4

Majefté, & veille de cette funefte mort, oüyant la Meffe il refpandit force larmes, de quoy fe print garde fingulierement Monfieur le Nonce Apoftolique, & s'en rejouït & enuoya homme expres à fa Majefté apres difner, comme le congratulant de cette deuotion tres-Chreftienne. Le mefme iour voyát vne fi grande multitude de monde affemblée, voicy, dit-il, qui femble le Iugement, fi noftre Seigneur deuoit venir au iourdhuy, bié pour ceux qu'il troueroit prefts. Au matin du iour qu'il fut tué, il tira trois fois le rideau de fon lict, priát Dieu d'vne façon extraordinaire, & fit, outre fefprieres acouftumees, oraifon particuliere en fon cabinet l'efpace de demy heure, auec vn grád fentiment de deuotió, comme s'il deuft partir bié toft de ce monde; ce qu'vn perfonnage de confcience

ce & de foy, vit de ſes yeux, ſans
eſtre veu de luy, & l'a teſmoigné.
Dauentage ſortant du Louure, *Sortant d
Louure.*
pour faire le voyage où il fut bleſ-
ſé, il fit vn grãd ſigne de Croix, cõme s'il ſe fut armé contre le peril
qu'il s'en alloit courir. Monſieur
D'Eſpernon, Mõſieur de Montba-
zon, auec les autres Seigneurs qui
eſtoyent dans le Carroſſe, le virent
long temps les yeux fichez au ciel,
comme recourant à Dieu en ſon
cœur, & le priant auec les yeux du
corps comme il pouuoit, ayãt per-
du la parolle du coup mortel. Ce
ſont autant de ſignes de la diſpo-
ſition interieure de l'ame, pour l'a-
uoir rendu digne de la miſericorde de Dieu, en ce dernier paſſage.
49   Pour ſeptieſme & dernier ſi- *Signe ſ
ptieſme,
fects ap
ſa mort.*
gne, ie prens les merueilleux effects qui ont ſuiuy ſa mort, contre
le iugement humain & cours des

chofes humaines ; à fçauoir l'vnió
des Princes & Seigneurs François à
cóspirer à la recognoiſſance & feruice du Roy ſucceſſeur ; la reconci-
liation entre ceux qui eſtoyent
deſ-vnis ; la fidele declaration du
Roy procurée par Meſſeigneurs le
Chancelier & voſtre Cóſeil, & pluſieurs Princes & Seigneurs de cette
Coronne , & faicte par ce tres - ſage Parlement de Paris; la prompte
obeiſſáce de tous les Eſtats & Villes du Royaume , Catholiques &
autres. Ces effects ſont autant de
merueilles aduenuës contre les eſperances humaines, & plus encor
contre l'intention de Sathan, qui
pretendoit ſans doute par ce coup
donner coup à l'Eſtat, & le mettre
ſans deſſus deſſous ; & ſa coniectu-
re eſtoit fort bien fondée ſur les
machines de ſa malice ; car eſtant
le chef raui de telle façon , & en
telle

relle ſaiſon, il eſtoit vray ſemblable que tout le corps de l'eſtat cóme priué de ſa vie, branleroit à la ruine, & à la diſsipation des membres : Mais Dieu ſçauoit ce qu'il vouloit faire, & l'a faict en faueur du defunct, & du fils ſucceſseur de ſon throſne: argument qu'il a prins ſon ame en paix entre ſes eſleuz, & ainſi a eſté la mort de ce Prince merueilleuſe, comme toutes les pieces de ſa vie.

50 Dieu ſoit loüé, Madame, voſtre Majeſté & la France ont matiere, comme ie crois, de reſpirer & prédre l'air de quelque douce conſolation, en tous ces ſignes & occaſion de temperer l'aigreur du regret cóçeu ſur la peur qui vous effrayoit, & tous les gens d'honneur en cette mort ſoudaine & improueuë Auec ce que deſſus les códoleances de pluſieurs peuuent contribu

Les con-leances

tribuer à mesme fin quelque aide
de consolation à vostre Majesté,
toute la Chrestienté deplore aussi
tendremét la mort de nostre Prince comme elle en admiroit la vie:
nostre sainct Pere blesmit & pleura
à la triste nouuelle, comme de la
mort du fils aisné de l'Eglise, dont
il est Pere & Pasteur; premier cele-
bra la messe pour son ame, & fit faire les obseques auec pompe &
oraison funebre à Sainct Pierre en
l'assemblée du sacré College des
Cardinaux, faisant l'Office Monseigneur le Cardinal de la Roche-
focaud, & estant present Monsieur
de Breues Ambassadeur de sa Majesté, & les gentils-hommes François auec luy. Au mesme iour en
cette maison Professe du Iesus, on
dict la Messe auec l'Office solem-
nel des trespassez; & en la mesme
maison la Congregation de nostre
Dame

Dame compoſée des plus grands
Seigneurs de diuerſes nations , a
encor faict ſon dueil, notamment
la nobleſſe Françoiſe auec Meſſieurs d'Eſpernon , Monſieur le
Comte de Candale & Monſieur le
Marquis de la Vallette, qui n'ont
rien eſpargné en ce deuoir de funebre appareil, pour marquer leur
ſinguliere affection, conſacrée à la
glorieuſe memoire du defunct &
au ſeruice du Roy preſent leur bon
maiſtre dés ſon enfance. Meſſieurs
de S. Iean de Latran ont auſſi ploré
la mort de noſtre Prince leur bien
faicteur, & celebré l'Office pour ſó
ame, & faict Oraiſon funebre à la
loüange de ſes vertus. Et comme
icy à Rome, ainſi par toute la France, cette Compagnie a fait tous ſes
petits efforts à pleurer la perte có-
mune à tous, & particuliere à nous,
& à ſupplier la diuine miſericorde

pour

Meſſieu
Deſpern

pour l'ame de son grand bien facteur & Pere. Ces condoleances,
Madame, & communication de
tristesse, & seruices, peuuent d'autant diminuer le poix & la charge
de vostre dueil, & auec ce qui a
esté dict iusques icy, vous faire cõ-
former à la volonté diuine, qui a
permis cet accident aduenir, sans
au reste curieusement vouloir sa-
uoir les causes de telle permission.
Dieu auoit à la verité faict digne
ce Prince de viure plusieurs siecles,
& mourir autremét, mais puis qu'il
l'a permis partir de la terre en tel
temps, &en telle maniere, il ne faut
point espelucher par curieuses re-
cherches les iugemens de son conseil priué, qui sõt cachez & inscru-
tables; mais les adorer comme sa-
ges & iustes, quoy qu'ils semblent
extrauagáts aux yeux des mottels.
Il voit toutes choses passees, pre-
sen

fentes, & futures ; & fait la façõ d'y prouuoir. Et tout ce qu'il faict où permet faire, c'eft auec fageffe & iuftice, & à la fin pour fa gloire & profit de fes bien-aimez. Quand il permit que Cain tuaft fon frere, & des lors à la file de tous les fiecles apres fuiuis, que tous les mefchans ayent perfequuté les bons, & que fon Fils ait efté mis en Croix, que les Saincts ayent efté donnez en proye à la cruauté des Tirans, & à la boucherie de mille & mille fupplices; toutes ces chofes fembloyḗt au iugemens des hommes, extrauagantes, & poffible faifoyent dire à plufieurs, comme iadis aux Payens, que la diuine Prouidence s'eftoit endormie là fus au Ciel, au pauillon de fa felicité, ayant abandonné le foin des chofes d'icy bas, & les afferes des gens de bien, donnant la bride à pleines refnes à la

passion

paffion de l'iniquité ; & toutesfois
cette prouidence & bonté infinie,
appareilloit à fes feruiteurs vn repos & gloire immortelle , par la
voye de leurs perfequutions, tour-
mens & ignominies:Ce qui fe voit
deja en partie , en la gloire qu'il
donne à fes Martyrs en fon Eglife
militante,& fe verra manifeftemẽt
& à clairs rayons,au grand iour de
l'Eglife triomphante, quand les liures des confciences ferõt ouuerts
& les iugemés de Dieu efclerez du
Soleil de fa grande iuftice, qui cõ-
tera à tous le falere de leurs depor-
tements.

51   Or combien que les caufes de
ces euenemens nous foyent lettres
clofes,neantmoins l'Efcriture nous
donne congé & voye d'en defcou-
urir fans vice de curiofité,quelques
vnes pour l'inftructiõ deshumains.

LA PREMIERE eft pour chaftier
les

les fautes des Roys , & Princes par
les verges de ſa Iuſtice temporelle,
afin de les deliurer auec tel chaſti-
ment paternel, de la peine eternelle: & quand il permet que les pecheurs continuent les pechez ſans
en eſtre punis en ce monde , comme il aduient communement aux
Princes Payens, & autres qui ſont
hors de l'Egliſe, c'eſt ſigne qu'il
les attend en l'autre pour les punir
eternellement. LA SECONDE eſt
pour chaſtier le peché despeuples,
qui poſsible ſeront dignes d'eſtre
priuez d'vn bon Prince , dequoy
Dieu menaçoit iadis ſon peuple
fort ſouuent, & accompliſſoit ſes
menaces, s'ils n'é deuenoyét ſages.
La premiere cauſe eſt pour contenir les Roys en la crainte de Dieu,
dans les bornes de la vertu , iuſtice
& modeſtie, ſe perſuadans que la
ſouueraine Iuſtie n'eſpargne per-

fonne, & ne laiffe rien impuni, ou
en ce monde, ou en l'autre, ou en
tous les deux : la feconde eft pour
enfeigner les peuples à bien faire,
& embraffer la pieté, affin qu'ils
foyent faicts dignes que Dieu leur
donne & côferue leurs bons chefs,
qui les ayment & regiffent en peres, & defendent en tout & par
tout en bons Monarques, comme
les pafteurs defendent leurs brebis. LA TROISIESME caufe de cette
permiffion, eft pour faire voir par
exemples illuftres, la vanité des
chofes mondaines, & combien fôt
fondez à faux, ceux qui y mettent
leur efperance & appuy. Et la prouidence diuine n'a failli en tous les
fiecles d'en donner des remarqua-
bles exemples; i'en prens des deux
pl⁹ voifins. Le milieu du feziefme
fiecle dernier paffé, l'ã 1559. en dôna
vn en France, en la mort du Roy
Henry

Henry second, tué au milieu des
ieux , triomphes, & magnificences
Royales. La fin du siecle quinzief-
me en fornit vn autre en Portugal,
l'an 1491. Quand Alfonse fils de
Iean second Roy de Portugal, aagé
de seize ans, Prince d'vne tresbelle
nature & expectation, espousa Dame Isabelle aisnée de Ferdinand
Roy des Espagnes ; son doüaire
estoit le droict de succession de
tous les Royaumes de son Pere. Les
nopces furent faictes auec vn mó-
de de triomphes, ieux, tournois,
banquets & vne si grande gloire
d'habits, que iusques aux ragaches,
& cuisiniers estoyent habillez de
drap d'or & d'argent , n'estant le
satin & velours en aucune esti-
me. Sept mois apres ce ieune Prince donnant la quarriere à son cheual au bord de la riuiere de Tajo
fut porré par terre & mortelle-

In Genea-
logia regũ
Port.
Duart.
Nunnez.

ment bleſsé à la teſte , & mourut
ſur vne paillaſſe en vne cabane de
peſcheur , où à peine pouuoyent
demeurer trois perſonnes ; & le
Roy ſon pere & la Royne ſa mere
y accorurent ſoudain &furent preſens, & y virent en peu de temps
ces pompes infinies tournées en
larmes & lamentations indicibles,
& les eſperances de leur enfant,de
ſa ieuneſſe , de ſa vertu, de ſes deſ-
ſeins , enſeuelies & miſes dans vn
cercueil:ces reuers de fortune ſont
donnez de Dieu pour apprendre
les mortels de ne ſe fier au temps,
ny aux preſens d'iceluy , mais de
chercher parmi l'inconſtance du
temps, la conſiſtence de l'eternité.
Le commencement de ce noſtre
ſiecle nous fournit cettuy cy , qui
a donné tant plus d'eſtonne-
ment,que le mal à eſté ineſperé &
ſoudain. Qui eut dict que noſtre
Prince

Prince victorieux de tant de ha-
zards de guerre, deut estre vaincu
de cettuy cy en paix? Qui eust osé
penser au matin de ce iour de malheur, quatorziesme May, que ces
magnificéces Royales, ces resiouïſ-
ſances extraordinaires, ces triomphes de haut appareil, & toutes
ces pompes d'habits, d'armes, de
gens, de ieux, & de tout le train
d'vn ſacre Royal, & d'vne entrée
Royale, non ſeulement d'euſſent
finir au ſoir du meſme iour, comme animans efimeres, mais encor
eſtre tournez au quarantieſme en
pompes funebres, & portées en la
voute Royale de ſainct Denys, &
& abyſmées en la tombe d'vn extreme, & ineſperé dueil? Et ſi voſtre
Majeſté pouſsée du heurt de ce vét
contraire, n'euſt eſté fortifiée des
armes de la grace diuine, n'eſtoit il
pas baſtant, pour l'emporter de ce

monde, & l'enseuelir dans vn nau-
frage d'extreme d'estresse ? car si
plusieurs sont iadis morts par le
coup d'vne grande & inesperée
ioye, comme Chilom Lacedemo-
nié embrassant son fils victorieux,
& Diagoras Rhodien pour semblable cas ; combien plus facile-
ment peut estre esteincte la vie par
vne extreme & soudaine tristesse
plus contraire à la vie que la ioye?
c'est cette grace qui a donné à vostre Majesté la vertu non seulemét
de tenir bon contre la secousse de
cette grande aduersité, mais encor
de prendre d'vn cœur magnanime
& constant, les resnes du gouuernement , & prouuoir à la manu-
tention de l'estat, & sceptre François; vous enseignant au reste par
vne experience esclattante , vne
belle leçon, qui peut seruir à tous
les humains, pour faire apprehen-
der

Chiló Plin.
l.7.c.32.53.

Diagoras.
Gell.l. 3. c.
15.

Vanité des
honneurs,
& presens
de la terre.

der viuement la foibleſſe, la brief-
ueté, & la vanité des ieux, honneurs,& paſſetemps de ce monde;
& chercher à grands pas, & à bonnes iournées les threſors & la gloire des biens eternels : leçon don-
née long temps deuant par le Roy
Salomon, diſant apres auoir tou-
ché au doigt la folie du monde,& *Salomon.*
peſe le globe de cet vniuers à la ba- *Vanitas va*
lance de la vraye ſageſſe : VANITE' *nitatum*
des vanitez, *& toute choſe* VANITE': *Eccleſ.1.1.*
Leçon confirmée par mille & mil-
le Roys decedez en grande varie-
té de fortunes. Mais quoy? l'eſclat
de ces experiéces aueugle les mortels,au lieu de les illuminer ; & ne
voulans voir par les yeux,ils voyét
par les talons;ils voyent à la fin par
les tenebres de la mort, ce qu'ils
deuoyent voir par la lumiere de la
ſcience de Dieu ; & aprennent à
gros frais , que tout meurt en ce

monde mortel, & qu'ils n'ont rien emporté de cette terre , fi non le bien ou le mal qu'ils y ont faict.

52   La 4. caufe de la permiffion de ces morts foudaines & changemés inefperez , contient vne autre le-ço merueilleufemét importáte,enfeignát de fe tenir preft à la mort à tout momét. Le Sauueur du mó-de,fupremé fageffe, la fouuent re-petee en fon efcole:VEILLEZ,difoit il,à fes difciples , & le dict tous les iours aux mortels,VEILLEZ *car vous ne fçauez l'heure que le fils dé l'homme* VIENDRA. Il parle en bon & fage Capitaine,exhortant fes foldas,& leur dict, VEILLEZ , & ne vous endormez point en fentinelle; car la mort vous y furprédra; elle va par tout,foit ouuertement,foit en cachette,& ne ceffe d'aller faifant la róde fur les murailles,& aux corps de garde,& par tout;elle entre par tout

tout, & n'y a forteresse, ny porte,
qui luy puisse fermer l'entree ; elle
enfonce tout auec la poincte de
son dard & la dureté de ses os;elle
frappe & bouleuerse d'vn pied
egal les grandes tours des Roys, &
les petites cabanes des pauures. Et
se plaist à surprendre ses gens, &
brandir son espieu dans le sein de
ceux qui sont endormis, & quand
ils y pensent le moins;& ne se sou-
cie des gardes,ny des gendarmes.
On le void icy manifestement, où
elle a osé s'approcher de ce Carosse
Royal portãt le plus vaillant Monarque du monde, accompagné
de six grãds & vaillans Seigneurs,
entouré de gendarmes & cheua-
ualiers : icy elle voltigeoit inuisi-
ble,& audacieuse parmy les trou-
pes & les armes,& fit son coup â la
fin;& bien pour vous,ô Prince tres
Chrestien,de vous estre recommã-

dé extraordinairement au matin
de ce iour, & auoir imploré de deuotion finguliere l'aide & fauuegarde de celuy , qui vous deuoit
laiffer voirement à la mercy de la
mort du corps, à la charge de vous
fecourir contre fes trahifons, à ce
qu'elle ne precipitaft voftre ame à
vne autre mort , vous furprenant
tout à coup, & vous trenchant l'efperance de falut. Cette preparatió
matiniere vous feruit d'armure, à
ce que vo⁹ ne fuffiez du tout prins
à l'improueu, au choc & à la charge de cette defaftreufe & derniere
ferée. Qui fera donc fi peu curieux
de fon falut, de ne veiller pour fe
tenir preft contre la mort, qui viét
à toute heure, & faict fes ren con-
tres fans heure, fans propos, fans
caufe preallable & fans dire gare?
auffi bien en la fanté, qu'en la maladie, au danger; qu'en la feureté,
n'y

n'y ayant rien asseuré pour elle?
Tarquinius Priscus estoit sain &
frais, quand vn petit os de poisson
l'estrangla; Fabius Senateur estoit
sain comme Priscus, vn petit poil
prins auec du laict luy couppa le
fil de la vie; vne belette mordit
Aristides, & le rendit mort en vn
petit moment ; le pere de Iules
Cæsar se leuoit tout gaillàrd , &
rendit l'ame en prenant ses chauf-
ses; vn autre Cæsar ayat heurté du
pied au sueil de la porte, fut heurté
de la mort, & rendit l'esprit à l'in-
stát; Quintus Æmilius, apres auoir
vertueusement harágué au Senat,
perdit la parole & la vie; l'Ambassa
deur des Rhodiés demádant à son
Page qu'elle heure il estoit, fut sur-
prins de sa derniere heure. En sóme
la mort entre par mille endroicts
chez nous, par les fenestres de la
maison, par la caue , par les lar-
miers

miers, par les toicts, & par tout
& si elle n'a intelligence dedans la
Ville ou maison, auec les mauuai-
ses humeurs du corps, auec maladies, les catarres, les pleuresies, &
autres causes internes, seruantes à
ses desseins; elle met les petars par
dehors, enfonce les portes de la
vie; s'aide de la violence , du feu,
de l'eau, de la peste, des bestes,&
des hommes,du fer, de la poison,
& de tout pour oster la vie aux hõ-
mes. O hommes,iusques à quand
aurez vous les yeux de vostre en-
tendement sillez, & quand com-
mencerez vous à estre hommes, &
prouuoir en hommes, aux affaires
de l'eternité ? C'est l'instruction &
profit que Dieu do nne par tels ac-
cidens, qu'il permet aduenir. Les
autres causes de telle permission,se
verront au grand Iour, où toutes
choses,comme i'ay dict, seront es-
clai

clairées aux flambeaux celestes du tribunal de la souueraine iustice, & tãdis qu'elles nous sont cachées, c'est à nous de soubmettre nostre iugement au iugement de Dieu, & admirer en humilité ce que nous ne pouuons entendre, & faire profit de nostre ignorance.

53 REste la cinquiesme & derniere partie de cette consolation, qui se doit prendre sur la perte que la France a faicte auec vostre Majesté en la mort du Roy, perte plus grande que si toute la France eust esté perdue : car demeurant nostre Prince Henry sain & sauue, il la pourroit recouurer, comme il l'auoit cy deuant retirée de ses ruines, & remis sur pied le grãd edifice de cet Estat: Mais toute la France sauue ne le sçauroit tirer de la tombe, & le remettre en vie. C'est le faict du Tout-puissant.

Repàr[ation] de la p[erte] faicte e[n la] mort [du] Roy.

Or

Or comme la perte est admirable
& indicible, ainsi porte elle quand
& soy la cause d'vn extreme dueil,
& doit auoir sa consolation à part.
Il y a deux moyés de se cósoler en
la disgrace d'vne perte aduenuë;
l'vn est de la porter patiemment,
l'autre de la reparer. Le premier est
le commun miel & remede à toutes douleurs & maux , & du tout
necessaire; le second est plus diffi-
cile, mais il est aussi le meilleur,
par ce que non seulement il
donne haleine & courage à la patience , mais encor efface la memoire du mal passé,qui est le fruict
d'vne entiere consolation. Iob se
consola vn lóg temps en souffrant
patiemment, mais quad ses dommages furent reparez,auec le gain
& recompense rendue à double
mesure, sa cósolatió fut accomplie
& parfaicte,sa tristesse s'esuanoüit

du

du tout, & sa patience fut corónee.
Il n'est ia besoin de fere vn long
discours à vostre Majeste, pour luy
persuader qu'il faut porter patiemment le mal que Dieu nous enuoye, ou permet nous aduenir:
vous estes Dame Chrestienne, &
instruicte en l'escole du Sauueur,
qui donne aduis & exemple à tous
ses seruiteurs & enfans, de porter
chascun sa Croix, & endurer patiemment les tribulations & mise-
res de cette vie ; & pour enseigne- *Aux Ro*
ment particulier des Roys & Roy. *& Princ*
nes, des Princes & Princesses, il a
voulu en sa Passion auoir le chef
chargé d'vne Coronne d'espines,
ses mains garnies d'vn sceptre de
roseau, & son corps affublé d'vne
robbe Royale de risee, pour ap- *La Coro*
prendre aux grands Monarques & *ne d'es*
Potentats, que le diademe leur est *nes.*
vn rond tissu de perpetuelles & pi-
quan

quantes angoisses, leur sceptre vn
baston fresle, & plein de vent, &
leur pourpre vne mocquerie, s'ils
ne sont armez à suffisance pour
souftenir vaillamment les difficultez de la Royauté : & partant qu'il
leur faut auoir la teste fortifiee de
sagesse ; l'ame couuerte de belles
vertus, comme habits Royaux, &
la main bien apprise à faire grands
exploicts, & tenir ferme le sceptre
par proüesses ; & comme ils sont
les plus grands en honneurs, ils fas-
sent à mesure Royale, prouision de
plus grande patience, comme deuát plus souffrir, que les persónes
vulgaires. Ie m'asseure, Madame,
que vostre Majesté a son ame armee de cette consideration, & vertu ; & comme elle est la plus grande Dame de la Chrestienté, elle a
le courage de beaucoup endurer:
& partant ie ne fais plus long ce

dis

difcours , pour venir au fecond moyen de confolation fur le regret de la perte faitte en la perfonne de noftre Roy, & trouuer quelque reparation d'icelle.

54   De reparer cette perte d'vne egale matiere & facture , il faudroit que ce grand Roy fut tiré du fepulchre, remis en vie, & redonné à ſõ peuple pour regner encor, mais cela ne fe peut faire par voyes humaines, & Dieu n'a pas couftume de fouuent leuer la main à faire ces miracles;de maniere qu'il faut venir aux moyens ordinaires, lefquels ce Dieu nous apprend par les loix diuines, & humaines. En fon Eglife pour reparer les pertes des perfonnes,il en fubftitue d'autres : ainfi apres la mort de Iofeph en Ægypte, il enuoya Moyfe ; & apres Moyfe,Iofué,pour le fecours & conduicte des Hebrieux : ainfi

Perte irreparable, la mort du Roy.

Moyens de reparer.

K

en la nature pour reparer la mort
du pere, il fubftitue l'enfant ; pour
reparer la mort des animans, des
plantes & autres creatures, il continue la perpetuelle file de chofes
nouuelles, qui ərmpliffent le de-
faut des vieilles qui font ja paffées.
L'on dit de fingulier que l'oifeau
Phœnix, qui n'eft iamais qu'vn, fe
repare de la *cendrée* de fon corps
bruslé en vn feu compofé de bois
odoriferans ; defquels il faict par
inftinct naturel vn petit bucher,
qui luy fert de fepulchre, & de lict,
pour s'éfcuelir, & faire fes couches,
& fe refufciter, laiffant en fes cendres vn petit germe, qui peu à peu
prend vie, prend corps & forme, &
deuiét fon pere, & eft rendu Phœnix, comme fon pere.

55 Madame, le defunct Roy Phœnix des Roys de noftre temps, a
laiffé le premier germe Royal non
de

de ses cendres, mais de son sang, de
sa vie, & de la vostre, pleine de
bonnes odeurs de vertu, vn Dauphin en la premiere annee de vos
Royales nopces, & premier fruict
de la couche des fleurs de lis. Il est
en vostre puissance auec la grace
de Dieu, de faire que ce germe deuienne vn Phœnix, cõme son tres-
honoré Pere; deuienne son grand
bisayeul sainct Louys, cõme il en
porte le nom, & soit le Phœnix aussi de son temps entre les Roys : &
parce moyen la perte faicte en la
mort de nostre bõ Roy, sera reparée; & semble à voir, Madame, que
vous ayant mis vn Roy & vn
Royaume en main, pour saincte-
ment former l'vn, & sagement re-
gir l'autre, il offre à vostre Majesté vne occasion de luy faire gaigner vne Coronne plus belle infi-
niement que la Coronne de Fran-

ce, car en bien dreſſant à la vertu
& au ſceptre, ce Roy voſtre tres-
honoré fils , & tenant en Royne
tres-Chreſtienne le timon de cette
regence, voſtre Majeſté s'acquiert
en terre entre les mortels , vn los
qui vaut mieux que le diademe
des plus grands Roys, & enuoye
au Ciel les eſtoffes d'vne tres-belle
& tres riche Coronne de la gloire
immortelle, entre les immortels.
Voſtre Majeſté ſe ſouuient de la
Royne Blanche,& de ſon fils, & ſe
peut conſoler en la ſemblance,&
en l'eſperance de ſa fortune : elle
fut laiſſée vefue au commencemét
d'vn ſiecle, qui eſtoit le trezieſme,
choiſie Regente de France , ayant
ſon aiſné Louys Neufuieſme aagé
de douze ans, duquel elle a faiÄ
auec l'aide de Dieu vn S. Louys:le
ſort de toutes ſes conditions , &
l'eſperance du bon euenement,
con

La Royne
Blanche.

conuiennent à voſtre Majeſté, elle
ſe trouue veſue d'vn grand Roy,
au commencement d'vn ſiecle, qui
eſt ce noſtre dixſeptieſme, Regẽte
en France, & ayant vn aiſné Louys
treſieſme aagé de neuf ans, qu'elle
doit faire vn ſainct Louys, & l'en-
fanter ſpirituellement à Dieu, cõme elle l'a enfanté corporellemẽt à
la Frãce. A la mienne volonté, Madame, que ie fuſſe Orateur ſi ag-
greable à l'oreille & au cœur de ce
Dieu qui vous l'a donné, que ie
peuſſe impetrer de luy pour voſtre
Majeſté l'aſſiſtence de toutes les
benedictiõs neceſſaires à ce diuin
effect. Ie la ſupplieray neantmoins
tel que ie ſuis, ioignant mes prieres auec celles des gens de bien,
qui ſont, Dieu mercy, en bõ nombre en la France, & autres viuans
hors de France, qui prient pour
voſtre Majeſté, & les vns & les au-

tres font meilleurs que moy, & feray, comme i'efpere, exaucé, non
par mon merite, mais par leur credit, comme par droict de compagnie & auec ce; deuoir de prieres,
mettray vn moyen general tiré du
liure de Dieu, duquel s'aida heureufement cette ancienne Royne,
pour fon fils Louys; & ce fils pour
l'inftruction de fon fucceffeur, &
voftre Majefté s'en pourra aufsi
heureufement aider aux mefmes
fins pour le bien du Roy, & de cette Coronne.

L'amour
& la crain
te de Dieu,
fondement
de la vraye
Royauté.

56   Ce moyen eft d'inftruire ce
Royal Fleurõ en l'amour & crainte de Dieu, & luy grauer dedans
l'ame, vne haine immortelle du
peché, grand & petit, mortel & ve-
niel, comme eftant chofe tres-baf-
fe & tres-indigne d'vne perfonne
Royale. Chafque Chreftien doit
auoir cette qualité en tant que
Chre

Chreſtien, parce qu'en ce titre il
paſſe les autres hommes en dignité, & en eſt de tant plus obligé d'aimer & ſeruir Dieu ; mais principa-
lemét les Roys & potentats Chreſtiens , & ſur tous les Roys tres-
Chreſtiens , d'autant que, comme
ils ſont ſpeciales images de Dieu,
auſſi doiuent ils auoir l'ame belle,
releuee, & magnanime ; & eſtre
plus vnis à ſa Majeſté par amour,
& plus eſloignez du vice par haine.
Or comme en la perſóne des Roys
& Princes tout eſt grand ; auſſi les
vertus, & les fautes, ne peuuét eſtre
petites ; s'ils ſont bien ils meritent
doublement, ſçauoir eſt, en la ſub-
ſtáce de la bóne œuure, & apres en
l'edification qu'ils en donnent aux
autres, & leur bien ſe dilate &mul-
tiplie, en autát de gés qui le ſçauét:
de meſmes s'il ſont mal , leur peché les auilit eux meſmes, & perd

K   4

leurs fubiects, & fe rend aucunement infini, donnant à tous vn
exemple preignant & vne grande
hardieffe à mal faire ; parce que
chafcun prend droict de l'action
du Prince, de faire ce qu'il faict, s'il
peut ; & tient pour chofe honorable, de l'imiter en fon œuure, tant
foit elle abfurde. Les courtifans de
Denys le Tyran, faignoyét d'auoir
la veüe courte, s'entreheurtoyét, &
grattoyent importunément, con-
trefaisás leur Prince qui ne voyoit
gueres, & eftoit galleux. Si le Prince
eft vaillant, s'il eft deuot, chafcun
le veut eftre, & s'il eft voluptueux,
la volupté eft eftimée vertu par les
autres. Les Roys font les Soleils &
les aftres de la terre; ils doyuét dõc
eftre tout lumiere, & en luifant faire couler les influances & clartez
de leur bonne vie aux mortels; s'ils
font autrement & font vicieux ce
font

Denys.
Plutarch.

Les Roys
Soleils, dict
d'Alexan-
re. Iuftin.

ſont aſtres malins , & degenerent
de leur noble & celeſte nature. S'ils
ont l'amour & crainte de Dieu , ils
ſont aymez des hommes & ne craignent perſonne : *Qui crqint Dieu,*
dict le Sage, *ne s'effraye point, & ne*
tremble point, parce que Dieu eſt ſon eſ-
perance : S'ils ſont vitieux , ils ſont
meſpriſez, & craignent toute choſe. Pour toutes ces raiſons cete gráde Royne Blanche diſoit qu'elle
aymeroit mieux entendre que ſon
fils fut mort, que luy voir commettre vn ſeul peché mortel; & ce bon
Prince auoit ſi fort graué en ſon
ame cet enſeignement, qu'il euſt
mieux aymé mourir de cét morts,
que d'offenſer Dieu mortellement
vne fois; & en laiſſa la memoire à
ſon fils, cóme il l'auoit apprins de
ſa mere, & prattiqué en ſa vie.

57   Ayant le Prince l'amour, & la
crainte de Dieu plátee en ſon ame,

Qui timet
Deum, non
trepidabit
Eccli.34.6.

K   5

il a le fondemét de l'edifice Royal, & la femence de toutes les qualitez neceffaires pour bien regner, feruát Dieu & cherchant fa gloire & le bien de fes fubiects : il a la fageffe pour cognoiftre le bien, la docilité pour l'embraffer : la iuftice pour faire rendre fon droict à chafcun, la vaillance pour fe deffendre. Il a la deuotion aux faincts exercices & offices de Religion ; le zele de l'honneur de Dieu, & du falut de fon peuple : il aime & refpecte les gens de bien, & eft la terreur des mefchans; fur tout il honore celuy qui tient la place de IESVS-CHRIST en fon Eglife, & refpecte, comme fils aifné d'icelle, le Siege qu'il tiét : & c'eft en cecy où ce Sainct, & fes fucceffeurs fe font marquéz eminens fur tous les Monarques Chreftiens; & ont en cela & par cela merité le titre de tres-Chreftien, & de

fils

fils aifné de l'Eglife; les plus belles
pierres, & les plus precieufes, qui
luifent en leur Coronne, & comme
ils ont efté foigneux de maintenir
& accroiftre l'Eftat & Royaume de
Dieu, qui eft fon Eglife, auffi ont
ils efté affiftez de fa particuliere
prouidence en l'Eftat de leur Monarchie, maintenu en pied depuis
treze cens ans ou tant, & amplifié
de plufieurs graces fpirituelles, &
temporelles parmy les troubles &
bourrafques de guerre, & contre
vne infinité de tempeftes d: plufieurs fiecles, nómément de ce dernier le plus orageux detous, à caufe des vents & flots heretiques. Sur
le mefme fondement eft appuyé
l'amour & refpect des fubiects enuers le Roy; car luy aymant & crai-
gnant Dieu, Dieu le rend apres ay-
mable, & refpectable à fon peuple;
fort & magnanime és affaires &

victorieux aux difficultez : ce qui se monstra par l'experience de pl⁹ de quarante quatre ans que ce S. Prince regna, auquel temps non seulement il demesla le Royaume de tous ses embarrassemens de factions, & rebellions domestiques, qui furent en bon nombre, & assez grandes, mais encor alla auec dix-huict cens vaisseaux, attaquer les ennemis de la foy outre mer ; & laissa en la Palestine, en l'Ægypte, & en l'Afrique vne si honorable memoire de sa pieté & vaillance, qu'il s'en parlera à iamais auec respect & admiration des Roys de France, & du nom François en ces plages là : &, qui est à noter, faisant ces guerres, & ayát esté prisonnier & faict infinies despenses, iamais il ne foula son peuple, ains deliura de ses propres deniers la Noblesse prisonniere, & plusieurs Chrestiés escla

S. Louys regna plus de 44. ans.

Le voyage de S. Louys outre mer.

Ne g reuâ iamais son peuple en ses grandes neceffitez.

esclaues. Ces vertus luy ont gaigné
le titre de Sainct, & par icelles vostre Majesté fera son fils Sainct,
auec l'assistence de celuy qui donne les vertus, & faict les saincts; la
main duquel est toute puissante,
comme elle estoit alors, pour faire
d'aussi grádes merueilles. Et ainsi,
Madame, la perte d'vn Henry sera
reparée par vn nouuel Henry , &
par vn nouueau sainct Louys, & se
dira de Louys treziesme, ce que dit
l'Escriture du vray Enfant: *Son pere* *Pater eius*
est mort, comme s'il n'estoit pas mort, car *mortu⁹ est.*
il a laissé son semblable. Et cette Mo- *Eccli.30.4.*
narchie tres-Chrestienne demeu-
rera droicte & fleurissante par la
vertu de son chef, semblable à celuy qui nous a esté raui , & par la
presence & integrité de ses membres, qui sont demeurez les mes-
mes qu'ils estoyent, Messieurs du *L'Eglise.*
Clergé, Prelats, Docteurs, & Maisons

fons Religieufes, pour le fpirituel;
Meſsieurs les Princes du Sang, & la
Nobleſſe, pour eſtre les bras du
corps; Meſsieurs de la Iuftice, pour
foubſtenir l'edifice de l'Eſtat, comme fortes &honorables colomnes
d'iceluy, & tous confpireront auec
leur chef, au bien de tout le corps,
à l'aduácement du Royaume pour
le falut du peuple , à la gloire de
Dieu, comme ils ont tresbien com-
mancé.

58   Et n'ayez peur, Madame, de
l'enfance du Roy, Dieu fe plaiſt
d'affiſter fingulierement tel aage,
& y monſtrer les merueilles de fa
vertu, comme il fit au glorieux S.
Louys, & au grand Salomon, tous
deux ayant cõmencé d'eſtre Roys
à douze ans; comme il fit à Ioas, qui
cõmença de tenir ſõ lict de iuftice
à fept ans. Et Dieu donne quelque
fois des fentimens extraordinaires
                                    &

& miraculeux, aux amys & aux ennemys de tels Roys, par leur seule
presence. Les Macedoniens iadis
porterent leur Roy, petit enfant
dans le berceau au frõt de l'armee,
qu'ils auoyent dressee contre les
Illiriens insolens de leur forces,
dont les soldats furent si animez, &
les ennemys si effrayez, que la victoire demeura aux Macedoniens,
en faueur de l'enfãce que l'orgueil
mesprisoit. Et partant, Madame,
vostre Majesté a occasion de tout
poinct, de respirer en son aduersité, d'esperer en sa perte, & se consoler en son dueil, & toute la France auec elle. Respirez donc, ô Royne tres-Chrestienne, & arrestez le
cours de vos pleurs & sanglots : il
est besoin de reprẽdre forces, pour
retirer profit de sa perte ; esperez,
puisque la diuine prouidence vous
a donné vn surgeõ Royal, qui doit

Les Ma-
cedoniens.
Iustin. l. 7.

deuenir vn grand arbre, pour tenir
la place de celuy qui a esté trans-
planté de la terre au Ciel : arrousez
le seulement des eaux viues de pieté & de sagesse, qui font produire
les fruicts de vie : Prenez soulas en
vostre affliction, & que la ioye suc-
cede à la tristesse, veu que le Ciel
se monstre serain, & porte vn nouuel astre qui fera le iour au coucher de son deuancier : faictes le à

la bonne heure, ô Roy tres Chrestien, ô petit grand Louys, croissez
hardimét & surgissez sur l'horison
de la France, par les degrez de voz
ans & beaux ascendans de vos
Royales vertus; & dónez la lumiere, & l'influance d'vn sceptre tres-
Chrestien, d'vne Royale main de
iustice, sur vos subiects; soyez beni
de toutes les benedictions celestes
& terrestres, qui furent iamais dó-
nees aux grands Roys; soyez vn

Louys

Louys neufuiéme, vn Henry quatriéme;ains paſſez l'vn & l'autre en
perfectiõ, ils n'en feront ia marris:
ſoyez vn treze, plus que le neuf,
plus que le quatre; & comprenant
tous les deux enſemble, faictes vn
treziéme accompli.

59   Et toy, ô France, reſpire, eſpere; & meine ioye auec tous les mé-
bres dont tu es compoſee:ton Roy
t'eſt rendu, & viura immortel, non
ſeulemét en la memoire des mortels, mais encor en la perſonne de
ſon treshonoré Fils, viue image de
ſes Royales qualitez.Reſpire auſſi,
ô petite Cõpagnie, ſi tu peux auec
la France, eſpere & prens courage
& patience en ta grande perte, encor que tes aduerſaires ne te vueil-
lent laiſſer reſpirer, & facent tarir,
tant qu'ils peuuent, les ſources de
tes eſperances, & s'efforcent de te
faire ſecher ſur tes pieds. A peine

L

ton Roy & ton pere auoit quitté
la vie, lors que tu eſtois en dueil
& lamentation,& en deuoir d'honorer par ſeruices &offices de pieté, le precieux depoſt de ſon cœur,
& que tu auois plus de beſoin de
ſoulas , quand ils t'aſſaillirent &
frapperent de tous coſtez,& te fe-
rirent de vingt-quatre coups de
calomnie & meſdiſance mortelle,
plus que Iules Cæſar ne reçeut de
playes en ſon corps,qui ne furent
que vingt-deux:&de to⁹ ces coups
l'vn a eſté enormement cruel, &
t'a donné à l'oreille du cœur , &
effrayé ſur tous les autres,lors que
la calomnie a voulu aſperger ta
robbe du ſang de ton pere, & te
faire criminelle de ſa mort ; c'eſt
lors qu'elle eſt montée en chaire
ſans front, ſans yeux,ſans conſcié-
ce, & ſans leures, n'ayant que les
dents &les os,repreſentát vn ſque-
letos

letos de dragon , vn monſtre
hydreux, & a preſché que tu auois
compoſé vn liure, qui enſeigne de
tuer les Roys, & que par la lecture
d'iceluy, auoit eſté induict le parricide à faire ſon funeſte coup. Ah!
tenebrions auernaux, que dictes
vous? oſez vous bien aduancer ſi
horribles menſonges en la chaire
de verité? ignorez vous que ce mal
heureux eſtant interrogé nya d'a-
uoir leu iamais ce liure dont eſt
queſtion? ignorez vous qu'il eſtoit
auſſi ignorant que meſchant , &
qu'il ne l'eut ſçeu entendre encor
qu'il l'euſt leu? & que quand il l'euſt
entendu, le liure ne dict pas ce que
vo⁹ luy auez voulu faire dire: mais
ne ſçauez vous pas que ce ne ſont
pas les liures, ny la doctrine des Ieſuites, qui enſeignét ces impietez,
mais bien les anciens Heretiques,
condamnez il y a deux cens ans

La Facu
de Paris
condam
les here
ſuſcitées
tre la p
ſonne de
Roys.
In Co
Cõſt. ſeſſ

L 2

par les facrez Cóciles, par la facrée
Faculté de Paris, iadis, & de fraí-
che memoire ces iou~ paffez? here
fie renouuellée par Caluin & Beze
& par leuis fuppofts? Cóbatuë par
les Doĉteurs, voire de cette Compagnie. N'auez vous pas de honte?
ne rougiffez vous pas en voftre
confciéce, fi vous en auez, de fouil-
ler ainfi l'honneur des chaires Catholiques, de l'ordure de ces caló-
nies heretiques? Madame, ie ne me
veux amufer à parer à ces coups, &
rompre le bec à ces oyfeaux no-
ĉturnes; voftre Majefté, Dieu mercy, auec la fageffe de fon Confeil, a
foudé toutes les playes faiĉtes par
eux à noftre reputation; & cette fage Cour n'ayát voulu ouïr la voix
des calomniateurs, a laiffé tout le
corps de cette Compagnie en la
poffeffion de fon innocence, &
bonne renommée, n'eftimant au
reste

reste, que ce qui est dict des tyrás,
touche la personne des Roys, mesmes des Roys tres-Chrestiés. Ioinct
que pour quelques mesdisans de
peu de credit, Dieu nous a donné
tous les gens de bien pour defen-
seurs, & plusieurs nobles Prelats
eminents en vertu & sçauoir, qui
ont soustenu nostre droict: Monsieur de Paris, qui par parole & par
escrit public a descrié & decredi-
té les faux bruicts, & fausses mon-
noyes de la calomnie ; Monsieur
d'Angers, & Monsieur d'Aire, qui
en leurs oraisons funebres pro-
noncées aux obseques du Roy en
l'Eglise de nostre Dame de Paris, & en celle de sainct Denys,
ont defendu l'innocéce de nostre
Ordre par les armes de verité, &
de leur zele, pieté & docte eloquence: Et Messeigneurs les Cardinaux de Ioyeuse, de Gondi, de

Sourdis, & du Perron, qui nous ont
aussi paternellemét protegez auec
voftre Majefté. Dieu leur rende la
recompenfe de ce bien faict & des
autres à centuplée mefure. Refpire
donc encor toy, ô petite Compagnie; fers Dieu & ton Roy auec
toute fidelité, fers le public fans
efpargne, fais bien fans ceffe, & laiffe mal dire aux mefdifás, & croüail
lett les Corbeaux, vis & trauaille de
telle vertu, que ceux qui voudront
mefdire de toy, n'ayent moyen de
dire verité ; & comporte toy de
telle forte, que leurs mefdifances
ne foyent que calomnies; ce feront
à la fin autant de pierres precieufes pour la Coronne de ta patiéce.
Et vous, ô ame Royale, qui nous
ayant fi paternellement protegez,
auez quitté la terre pluftoft que la
France ne penfoit, pluftoft qu'elle
ne craignoit, pluftoft qu'elle auec

nous

nous n'euſſions voulu, viuez au ciel eternellement glorieuſe dans le ſein de la felicité. Paris vous a lamenté, toutes voz Villes, toute la France, toute l'Europe vous ont regretté, pleuré, & gemi; vous regrettent, vous pleurent, & vous gemiſſent encores; ſans toutesfois vous enuier voſtre repos eternel, puiſque c'eſt le bõ plaiſir de celuy qui ne veut rien qui ne ſoit ſainct & iuſte: vn de leurs repos ſera d'adorer ſon conſeil eternel, & d'honorer voſtre memoire eternelle; & cette Compagnie la plus obligee de toutes les familles Religieuſes à voſtre nom, & la plus affligee de toutes, de voſtre abſence, ſe ſouuiendra eternellement de l'obligation de voſtre amitié, vous ſeruira en voſtre race, honorera voz os & le ſacré depoſt de voſtre Royale affection. Tous les nour-

riſſons qui prendront le laict, & la
viáde des bónes lettres, &de la pieté en ſes Colleges, continuerót de
cháter voſtre los, & faire hóneur à
voz cédres, cóme ils ont deja faict.
Ie vous y exhorte, ô ieuneſſe de
France, & de toute autre nation,
qui aimez la vertu. Ie vous y exhorte de tout mon cœur, & vous
coniure de dire maintenát de meſme cœur, VIVE & regne le grand
HENRI au Ciel ſans meſure de
temps, viue ®ne en terre LOVYS
treziéme, ſa race à lógue liſte d'ans,
de ſucceſſeurs, & de ſiecles ; & de-
ſormais tous les ans, quand le Soleil ayant rempli au Zodiaque la
carriere annuelle de ſó ecliptique,
aura ramené le iour anniuerſaire
du treſpas de ce Prince, le quator-
zieme May au cœur du Printemps;
iettez à pleines mains les ſacrees
feuilles & fleurs ſur ſa tombe, les

meu

Aux Eſ-
coliers.

meuriers à sa prudence, les lauriers
à sa vaillance, les oliuiers à sa clemence, les lis à sa candeur, les roses
à son zele, les violettes à son humilité, & les baumes à sa pieté; hono-
rez de vos esprits, & de vos escrits
sa memoire ; mariez les vers de vos
poëmes sacrez, aux voix resonná-
tes, aux cordes sonátes, & aux sons
harmonieux ; & chantez d'vne ré-
plie & celeste musique, le nom, les
vertus, les proüesses du grád Henry. Chantez sa vie, pleurez sa mort,
& par la vertu & faueur de quelque esprit celeste & volant, faictes
ioindre à vostre assemblée, deux
fois sept tourterelles vefues, & autant de cygnes mourants, qui facent à part vn chœur lugubre, &
plaintif : & apres, que ce mesme esprit aislé face venir les chardon-
nerets, les serins, les calendres, les
linottes, les rossignols, & tous les

L 5

oysillõs de musique sans nombre,
qui tiennent deux autres chœurs,
pour concerter de leurs chans auec
vous & auec les Anges, à la loüange du defunct, employant leur
sciéce, & les meilleurs accords que
le liure de la nature leur aura apprins ; & suppliez le Createur des
Cieux, qu'il commande à l'air de
donner en ce mesme iour la rosee
celeste congelee en perles Orien-
tales, laquelle meslee auec les fueil-
les & fleurs de Lis, de giroflees, de
hiacinthes & de roses, parseme le
lieu de sa sepulture dru & menu, &
de tout soit faict vn appareil d'vn
obit, & d'vne pompe funebre admirable à celuy duquel a esté admirable la personne, la conuersa-
tion, le Regne, la mort & le succes
de la mort : & accompagnéz à present de vos souspirs, le dernier souf-
pir de mon dueil, à ce que ie puisse
cou

courageusement proferer les dernieres paroles, & dire d'vne voix
forte parmy les sanglots & larmes
de mon ame, à Dieu ô Roy tres-
Chrestien Henry, la perle des Princes Chrestiés, Prince de foy, de loy,
& de merueille, & grand restaura-
teur du sceptre François: A-Dieu,
l'honneur des fleurs de lis, le paran-
gon des Roys, tres digne de commander en terre, plus heureux de
regner au Ciel: A-Dieu, ô grand
Henry; A-Dieu, ô Henry grand,
grand en prudence, grand en vaillance, grand en clemence, grand
en pieté: A-Dieu, ô grand en tout.
A tant la voix me faut, & l'halaine
me manque, & ma plume s'arreste
& finit en ces mots: Madame la supreme bôté veuille tousiours assister vos Majestez tres-Chrestiénes,
le Fils & la Mere, la Royale famille,
&

& toute la France de ses æternelles
benedictions. De Rome, ce 12. de
Iuillet, 1610.

De vostre Majesté

TRES-HVMBLE, tres-
obeissant, & tres-
fidele seruiteur, &
subject,

LOVYS RICHEOME.

IE Iean de Lorini de la Compagnie de Iesus
tesmoigne auoir leu le liure du R. P. Louys
Richeome, intitulé, *Consolation enuoyée à la
Royne, &c.* Et n'y auoir trouué chose quelcon-
que contre nostre Saincte Foy & les bonnes
mœurs, ains l'ay iugé fort vtile au public.
A Rome le quinziéme Iuillet, 1610.

Iean de Lorini.

IE Pierre Madur de la Compaignie de
Iesus, fais foy d'auoir leu le mesme liure
du R. P. Louys Richeome, auquel ie n'ay
rien trouué contraire à L'Eglise Catholique
Apostolique Romaine, mais beaucoup de bô-
ne & salutaire doctrine. A Lyon ce 11. Oct. 1610.

Pierre Madur.

VEu l'attestation des Theologiens,
permis d'imprimer ledit liure.
A Lion ce 11. Octobre 1610.

CHALOM V. G.

Extraict du Priuilege du Roy.

PAr grace & Priuilege du Roy, il est permis à LOVYS RICHEOME de la Compagnie de IESVS, de choisir, & cōmettre tels Imprimeurs ou Libraires que bon luy semblera, pour fidélement imprimer tous & chascuns ses liures concernans la Foy & Religion Catholique, & autres œuures par luy faictes, & composées ; & qu'il pourra cy apres faire & composer. Et sont faictes defenses expresses par sa Majesté à tous Imprimeurs, Libraires, & autres quelconques de ce Royaume d'imprimer, vendre, ny exposer en vête les susdicts Liures, sinon ceux qui auront esté imprimez par la permissiō & consentement dudict LOVYS RICHEOME; & ce iusques apres le terme de dix ans finis & accōplis, a commēcer du iour qu'ils auront esté parachcuez d'imprimer, à peine de 600. escus d'amāde, & de tous despens, dommages, & interests, pourueu qu'au cōmencemēt ou à la fin desdicts liures, on mette vn extraict sommaire des Lettres patentes sur ce données à Paris, le 19. iour de Septembre, 1598.

Par le ROY *en son Conseil,*
Signé FAYET.

L
Edit Lovys Richeome a permis à Pierre Rigavd, Marchant Libraire de Lyon, d'imprimer le Liure intitulé, CONSOLATION ENVOYEE A LA ROYNE MERE DV ROY, ET REGENTE EN FRANCE, Sur la mort deplorable du feu Roy tres-Chreſtien de France & de Nauarre, HENRY IV. ſon treſ-honoré Seigneur & Mary. Et ce iuſques au terme de ſix ans, à compter du iour que ledict liure ſera acheué d'imprimer: ainſi qu'il eſt porté par les lettres du Priuilege donné par ſa Majeſté, duquel Priuilege il luy faict tranſport durant ledict terme. Faict à Rome le 15. Iuillet, 1610.

LOVYS RICHEOME.